Die Appenzeller Zipfelchappe

Karin Antilli Frick

Die Appenzeller Zipfelchappe

Anleitungen, Strickmuster und allerlei Wissenswertes

Appenzeller Verlag

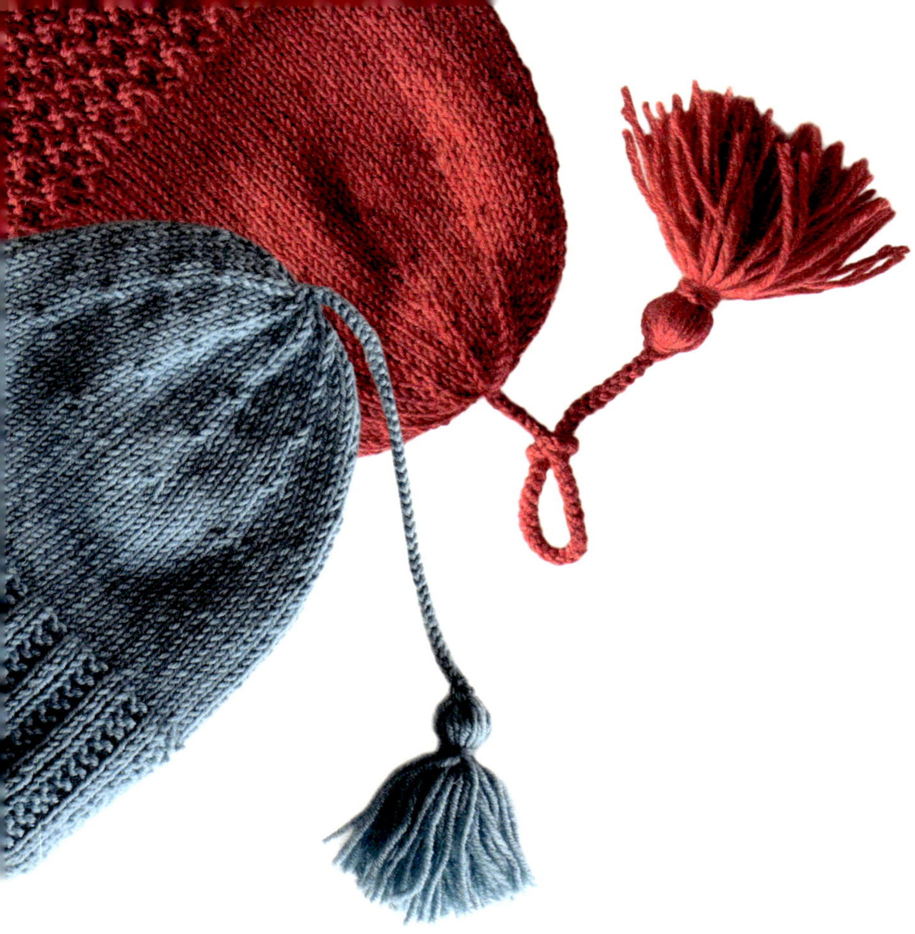

6. Auflage, 2025

Verlagshaus Schwellbrunn, Appenzeller Verlag AG
Im Rank 83, 9103 Schwellbrunn
verlag@appenzellerverlag.ch

Verlagsauslieferung in die EU
HEROLD Fulfillment GmbH, Daimlerstrasse 14, DE-85748 Garching
service@herold-fulfillment.de

Gestaltung: Brigitte Knöpfel
Herstellung: Verlagshaus Schwellbrunn

ISBN 978-3-85882-883-5
www.appenzellerverlag.ch

Inhalt

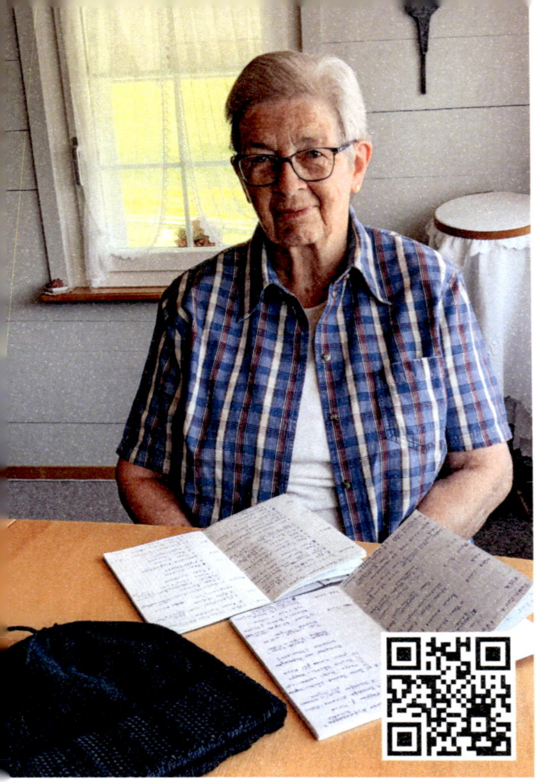

Maria Zimmermann

Hobbystrickerin, Gonten

«Ich schreibe seit 1998 alles auf, was ich gestrickt habe. Zipfelchappen sind es bis jetzt über 300 Stück. Ich stricke immer wieder neue Börtchenmuster, damit ich etwas Abwechslung habe.»

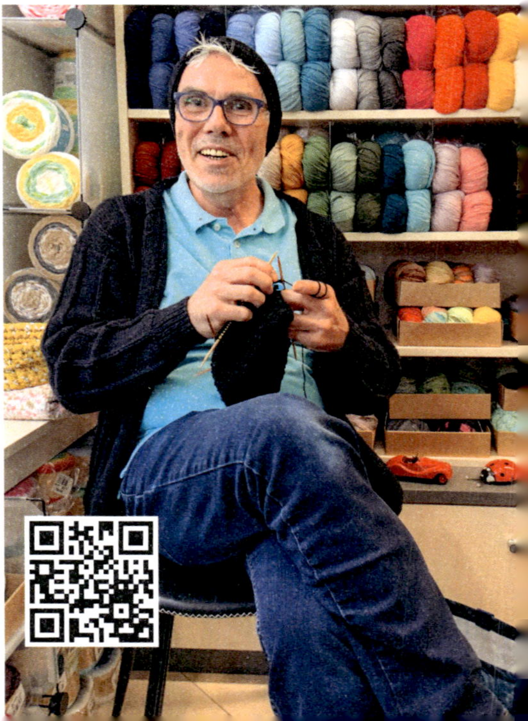

Peter Blansjaar

Wollladenbesitzer, Herisau

«Ich habe vor vier Jahren angefangen zu stricken und liebe es. Es macht mich einfach glücklich und zufrieden.»

Vorwort

Alle Appenzellerinnen und Appenzeller kennen die Zipfelchappe. Die Männer, weil sie gerne warme Ohren haben, und die Frauen, weil sie diejenigen sind, die sie traditionellerweise stricken. Bei meinen Recherchen in Inner- und Ausserrhoden traf ich viele Menschen, die Interessantes zur Zipfelchappe zu sagen hatten.

In einem Dorf reichen sich die Strickerinnen unter der Hand die «richtige» Anleitung mit dem «richtigen» Muster weiter. Im anderen Dorf stricken sie innerhalb der Familie die gleichen Börtchenmuster, damit sie ihre Chappen besser auseinanderhalten können. Manche Frauen besticken das Börtchen innen mit den Initialen der Besitzerinnen und Besitzer, damit diese wieder die richtigen Kopfbedeckungen nach Hause nehmen.

Die einen tragen die Zipfelchappe gerne locker oben auf dem Kopf, sogar im Sommer, die anderen ziehen sie im Winter lieber ganz über die Ohren. Bei Silversterchläusen sollte sie im Hosensack Platz haben, und damit die Chappe gut an einen Haken gehängt werden kann, macht man in die Kordel einen «Schlauf».

Ich habe versucht, möglichst alle Anleitungen und Meinungen in meine Aufzeichnungen miteinzubeziehen. So sind die Anregungen und Ideen vieler zu einem Buch für alle geworden.

Urnäsch, im Juni 2022
Karin Antilli Frick

PS: Alle Börtchenmuster und Zipfelchappen in diesem Buch habe ich selbst gestrickt.

Und wer hat sie erfunden?

Mützen mit Zotteln und Zipfeln sind in vielen Kulturen bekannt. Eine Form der Zipfelchappe war in Mitteleuropa schon ab dem 16. Jahrhundert verbreitet. Sie diente der männlichen Landbevölkerung als Teil der Arbeitskleidung, bei den Bürgern aber wurde sie zur Hausbekleidung getragen. Wie im Bilderbuch «Max und Moritz» von Wilhelm Busch (1832 – 1908) zu sehen ist, auch als Schlafmütze. Die Schlafzimmer waren ungeheizt und der Haarwuchs nicht immer üppig. Da war es mit der Zipfelchappe auf dem Kopf gleich viel angenehmer.

Bei der Appenzeller Zipfelchappe handelt es sich um einen Alltagsgegenstand, dem lange keine grosse Bedeutung zugemessen wurde. Sie war wie die Socken zum «Bruuche» da. In der Regel wurde sie von den in der Landwirtschaft tätigen Männern getragen.

Das Gemälde von Hans Zeller (1897 – 1983) von 1947 ist eine Ausnahme. Gerade weil die Zipfelchappe zum «Werche» getragen wurde, dachten die Leute nicht daran, sie zu malen oder später gar zu fotografieren. Zum Fotografen ging man mit dem Hut und nicht mit der Mütze.

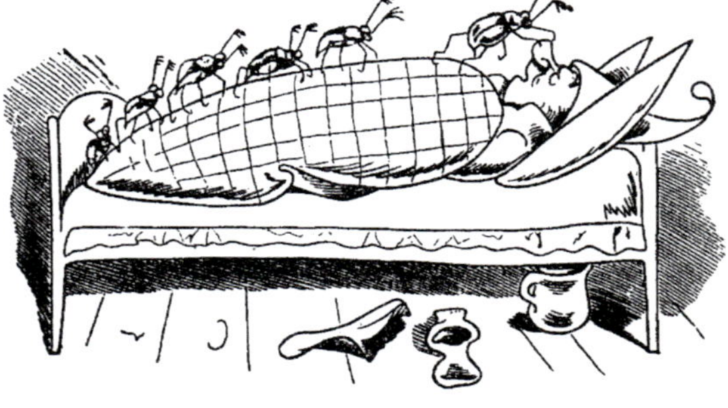

Die Zipfelchappe bei Wilhelm Busch.

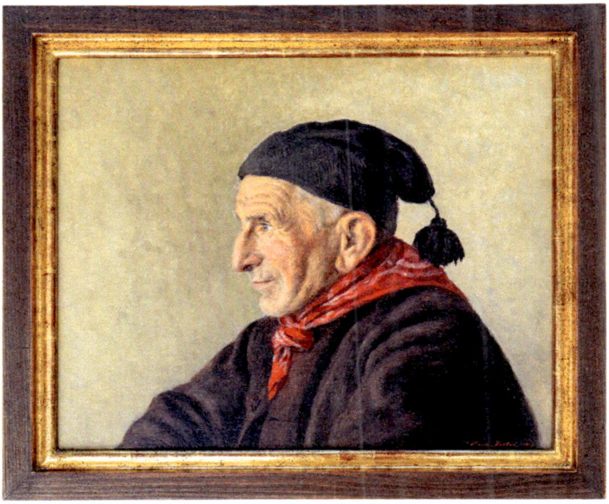

Hans Zeller,
Alter Appenzeller Bauer, 1947.

Schon im Mittelalter gab es Strickzünfte, die den Männern vorbehalten waren. Zu den Spezialitäten der Stricker gehörten kunstvoll gefertigte Seidenstrümpfe für adlige Damen und Herren, für die diese ein kleines Vermögen ausgaben. Stricken galt als ehrenwertes und lukratives Handwerk.

Über das Stricken zu Hause findet man vor allem ab dem 19. Jahrhundert Nachweise. Das erste Buch über das Handstricken erschien 1800 in Leipzig, verfasst von einem Mann. Danach gab es einige Frauen in Europa und Amerika, die Muster und Anleitungen publizierten, denn unterdessen war das Stricken zur weiblichen Domäne geworden.

Anleitungen für die Appenzeller Zipfelchappe wurden wohl unter der Hand weitergereicht oder vererbt. So hat sich mit der Zeit der bestimmte Typ dieser Kopfbedeckung herauskristallisiert. Dabei trugen die Männer keinesfalls immer schwarze Chappen. Ältere Menschen erzählen von grauen, braunen und militärgrünen. Besonders in Innerrhoden scheinen die Männer farblich etwas flexibler zu sein.

Dass die Zipfelchappe schön warm gibt, steht ausser Zweifel. Heute sind sie bei jüngeren Männern auch in Anthrazit oder Dunkelbraun beliebt, und bei Kindern und Frauen findet man sie in allen Farben.

Tipps und Tricks

Die Appenzeller Zipfelchappe hat traditionell einen Zottel an einer Kordel. Was aber ganz wichtig ist: Das Börtchen wird doppelt gestrickt. So bleiben die Ohren auch im kältesten Winter schön warm.

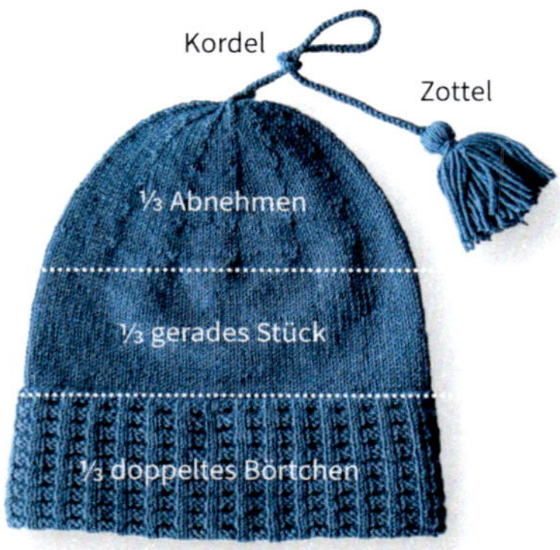

Allgemeines

Die Chappen in diesem Buch sind so berechnet, dass Frau, Mann oder Kind sie über die Ohren ziehen kann und dann am Kopf noch ein kleiner Zipfel übersteht.

Die Aufteilung von 3 x ⅓ ist optimal. Wer gerne eine kürzere oder längere Chappe hat, kann das gerade Stück kürzen oder verlängern.

Wer gerne eine spitzigere Zipfelchappe möchte, kann beim Abnehmen mehr Zwischenrunden stricken.

Die Tannebomm-Chappe mit 4 x 28 Maschen ist die gängige Erwachsenengrösse (siehe Seite 31).

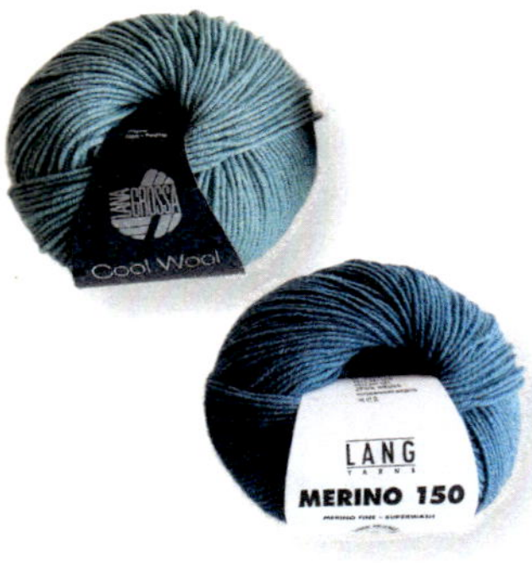

Wolle und Stricknadeln

Die zu verwendende Nadelstärke beträgt 3 – 3 ½. Wer fest strickt, wählt die 3 ½, wer locker strickt eher die 3.

Je nach Strickweise, Nadelstärke und Börtchenmuster kann die fertige Grösse variieren.

Als Wolle eignen sich Merino 150 von Lang Yarns und Cool Wool von Lana Grossa.

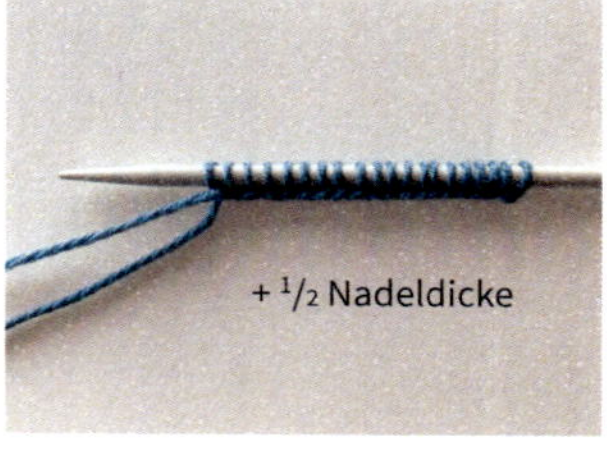

Anschlag

Für den Anschlag eine ½ Nadelstärke grösser verwenden. Dies erleichtert später das Zusammenstricken des doppelten Börtchens (siehe Seite 20).

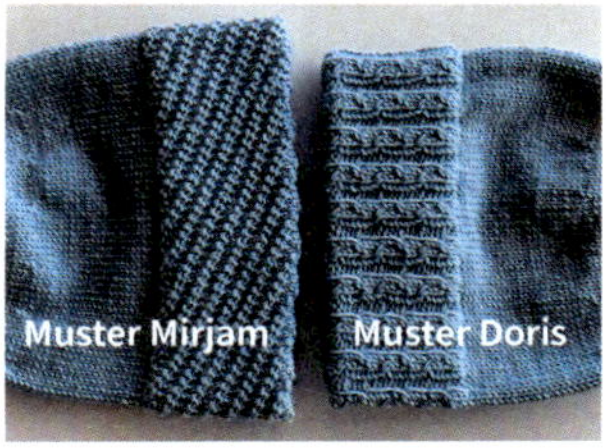

Börtchenmuster mit Bedacht auswählen

Die Wahl des Börtchenmusters kann einen grossen Unterschied in der Chappengrösse machen. Die Zopfmuster ziehen recht stark zusammen.

Das Bild zeigt die gleiche Zipfelchappengrösse mit zwei verschiedenen Börtchenmustern.

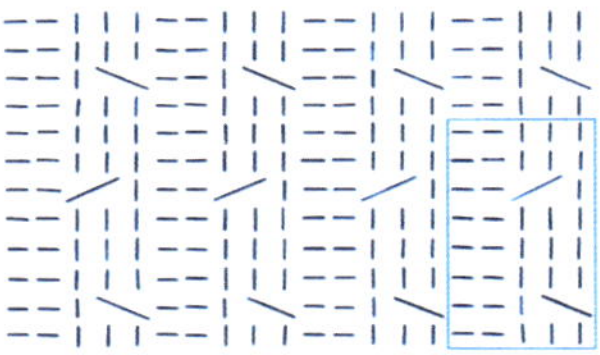

Mustersatz

Der Mustersatz der verschiedenen Börtchenmuster muss durch die Anzahl der angeschlagenen Maschen teilbar sein.

Muster Doris hat 5 Maschen im Mustersatz und kann nur mit folgenden Chappengrössen gestrickt werden:
4 x 20 Maschen Chindlichappe
4 x 25 Maschen Winterhimmelchappe
4 x 30 Maschen Alpstäächappe

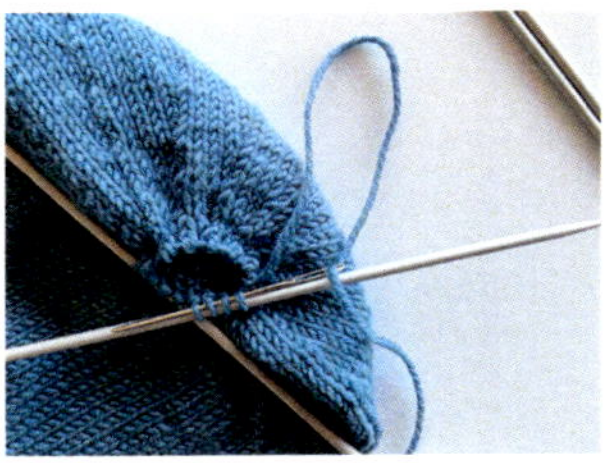

Strickarbeit beenden

Jeweiliges Abnehmen nach Anleitung ausführen. Am Schluss die Wolle abschneiden und 30 cm stehen lassen.

Wollfadenende in eine Wollnadel einfädeln.

Alle Maschen auf den Stricknadeln der Reihe nach auffassen, Wollfaden durchziehen und Maschen zusammenziehen. Stricknadeln entfernen und zur Sicherheit ein zweites Mal wiederholen.

Mit diesem Endfaden wird später die Kordel befestigt (siehe Seite 37).

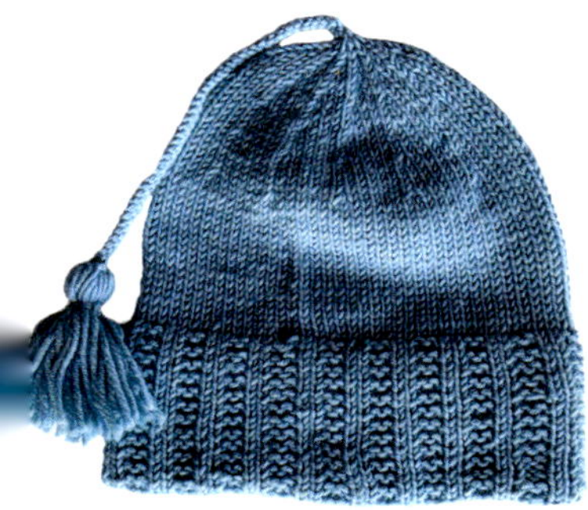

Kordellänge

Die Länge der Kordel ist Geschmackssache. Viele Leute wollen sie inklusive Zottel nicht länger als die Chappe selbst haben. Wer aber gerne einen Schlauf in die Kordel macht, muss sie je nach Chappengrösse eventuell etwas länger anfertigen.

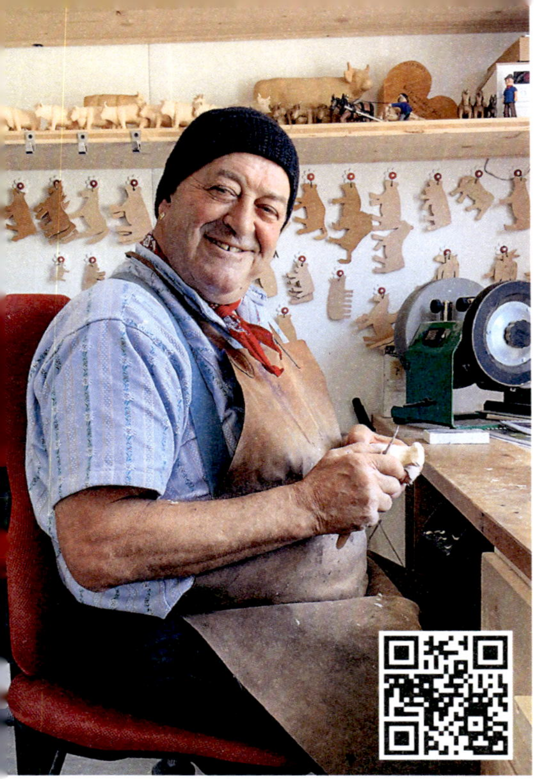

Sämi Frick

Chüelischnitzer, Urnäsch

«Die Zipfelchappe sollte das halbe Ohr verdecken und schön anliegend sein. Ich habe es nicht gern, wenn es oben am Kopf zuviel unnützes Material hat.»

Wälti Frick

Brauchtumskenner, Jodler und Musiker, Urnäsch

«Richtig sennisch ist es, einen ‹Schlauf› in der Kordel zu haben. Er verkürzt bei Bedarf die Kordel, und die Zipfelchappe lässt sich zudem gut an einer Garderobe aufhängen.»

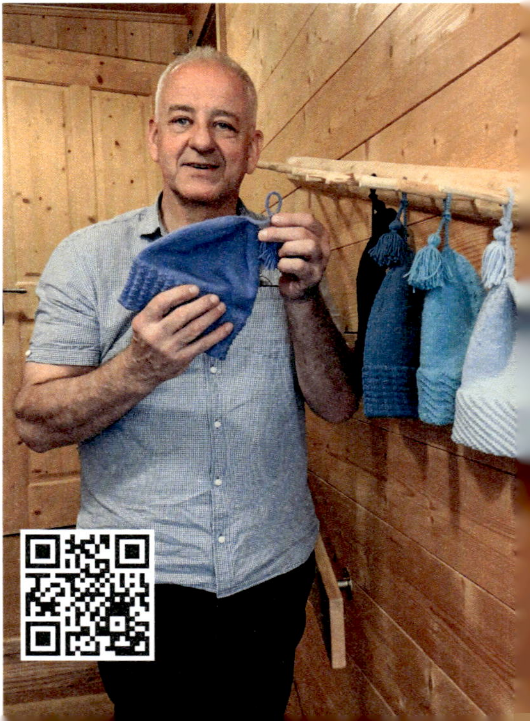

Strickschrift und Abkürzungen

re Aus Platzgründen wird in den Chappenanleitungen statt rechte Masche die Abkürzung re Masche verwendet.

| Rechte Masche

— Linke Masche

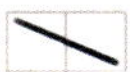 Zopf aus 2 Maschen nach links

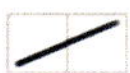 Zopf aus zwei Maschen nach rechts

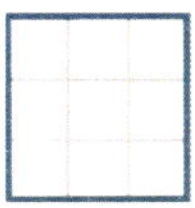

Mustersatz

Er bezeichnet die Anzahl Maschen in Länge und Höhe, bis sich das Muster wiederholt.

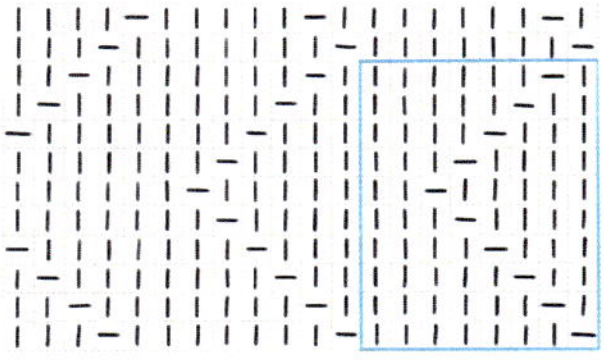

Herausforderung

Besonders die gezackten Muster können beim Übergang in die neue Runde etwas verwirrend wirken. Einfach genau nach Anleitung stricken, dann funktioniert es.

← Unten rechts mit Stricken beginnen.

24 Börtchenmuster

Diese hübschen Börtchen stammen von kreativen Frauen aus dem ganzen Appenzellerland, welche den Mustern ihren Namen verliehen haben.

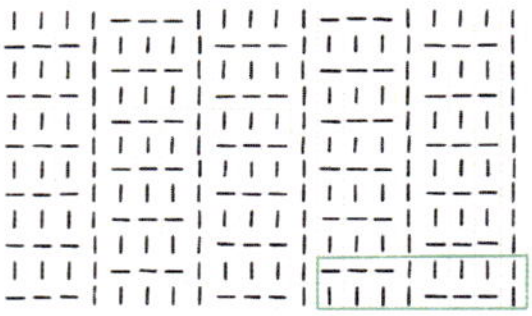
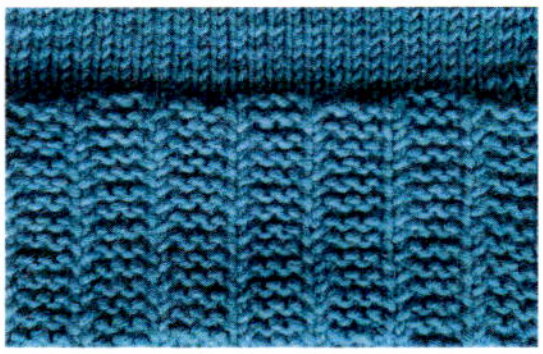

Angela

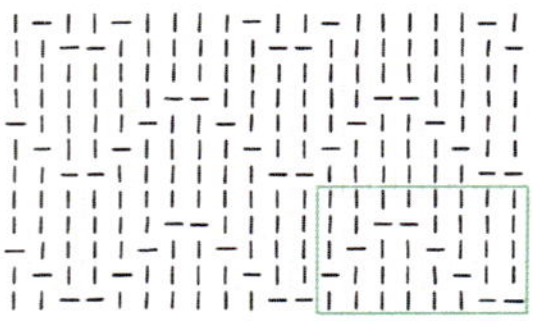
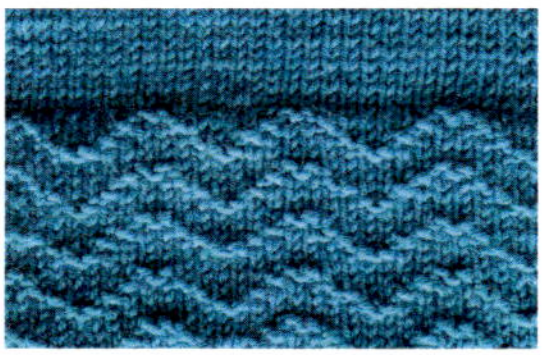

Anna

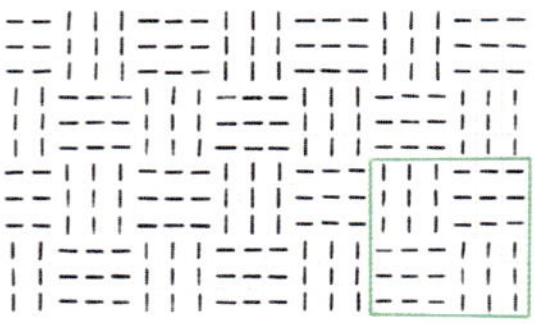
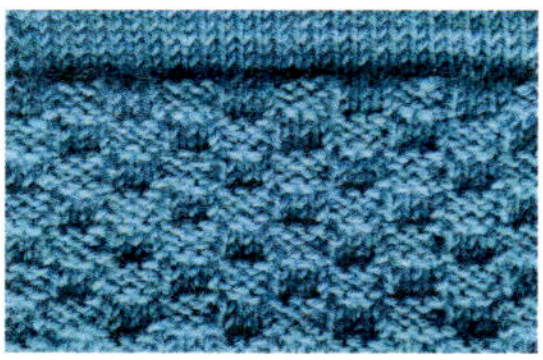

Aurelia

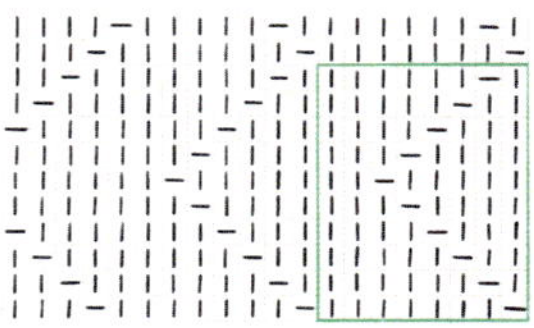
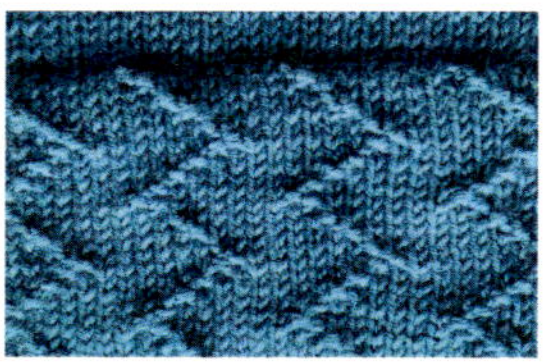

Barbara

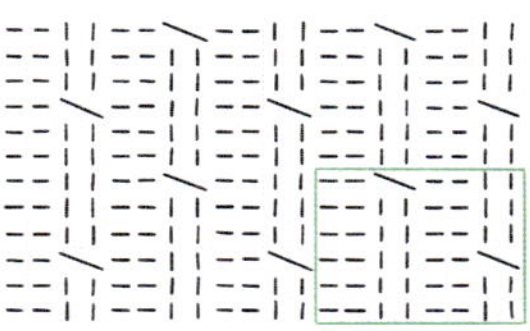
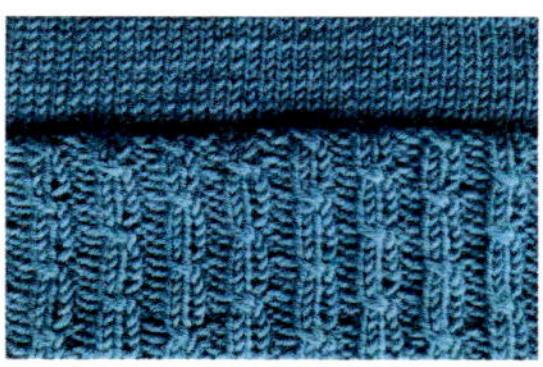

Buslä

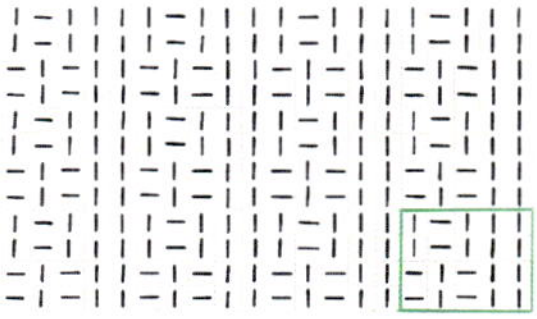
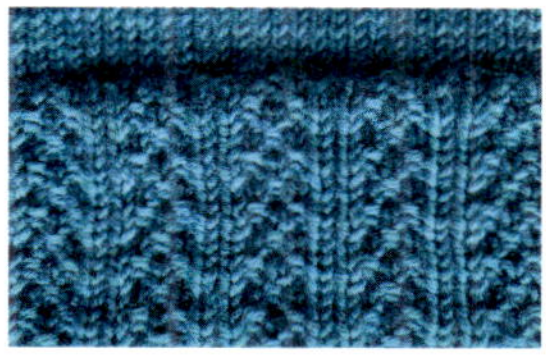

Chöpfeli

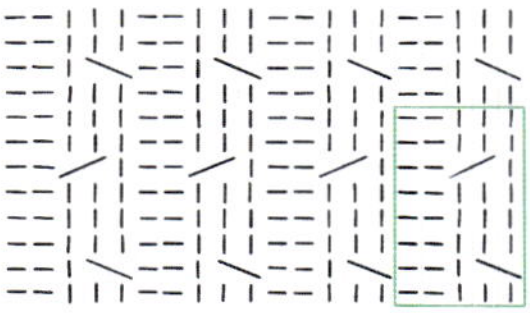
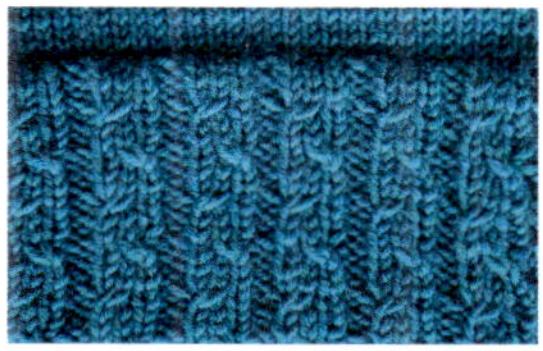

Doris

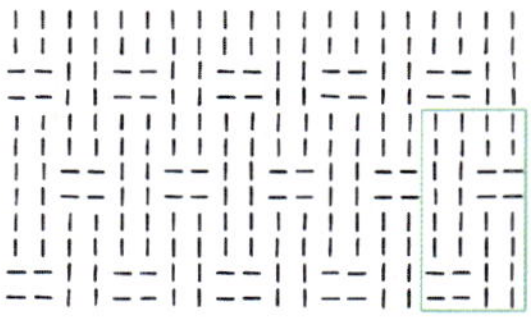
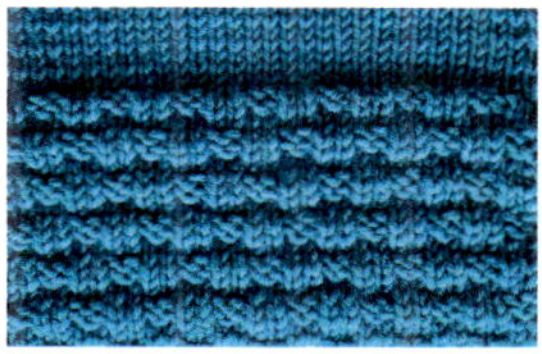

Esther

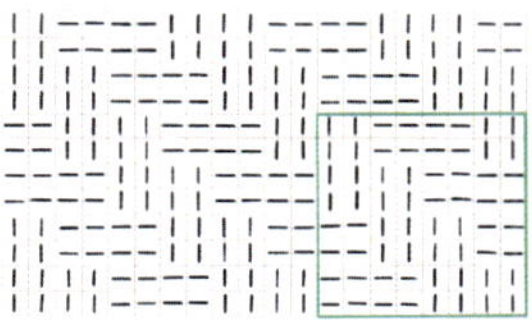
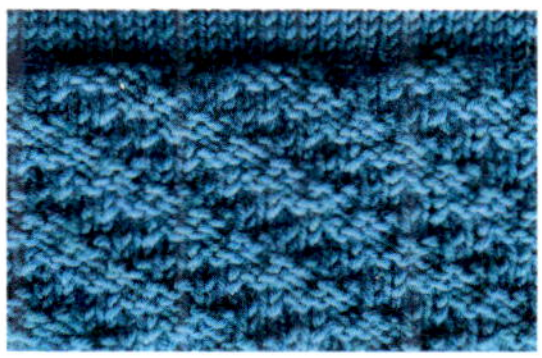

Franziska

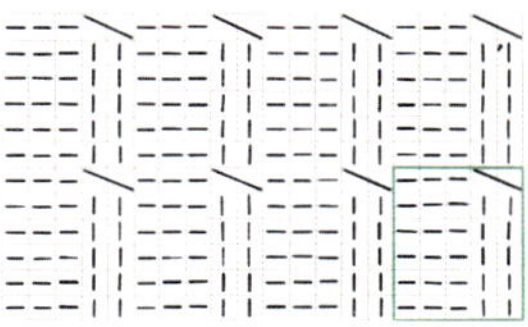
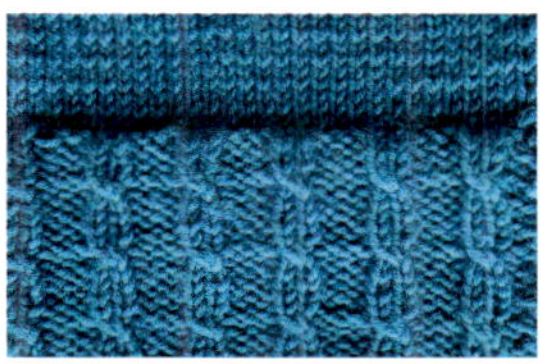

Heidi

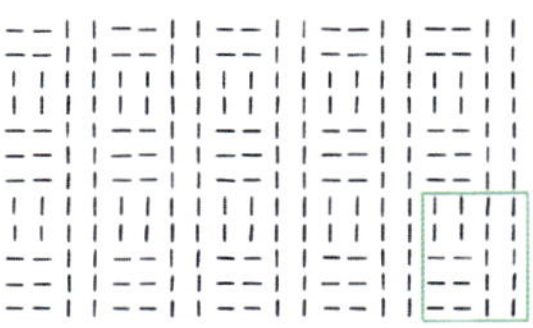
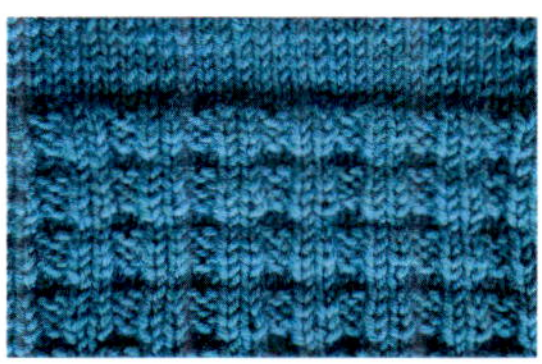

Helen

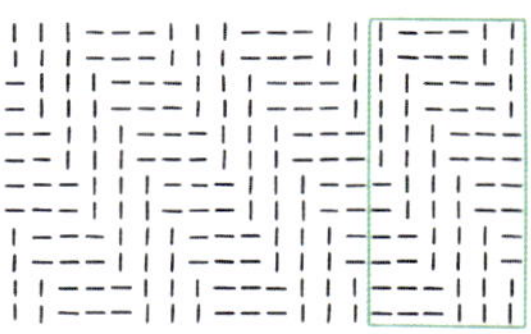
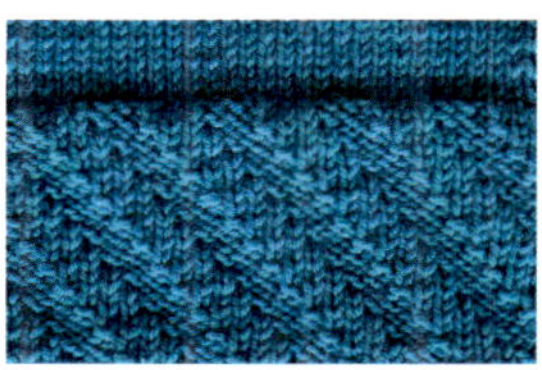

Karin

Luise

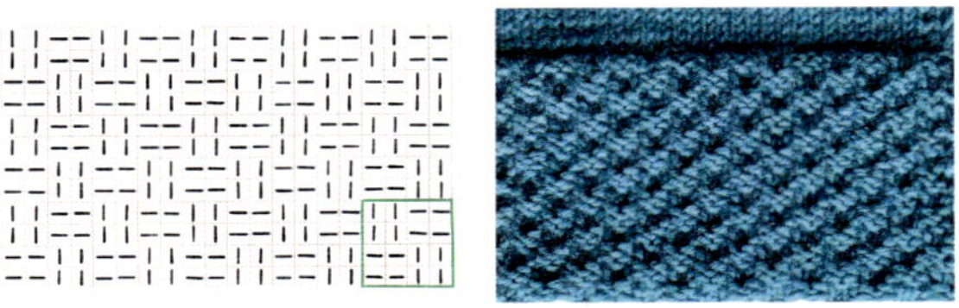

Lydia

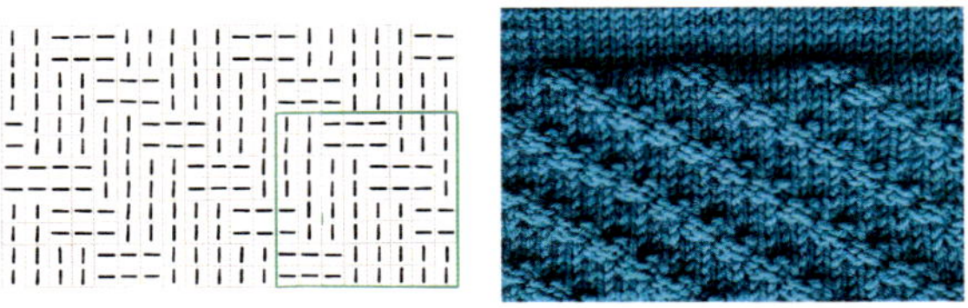

Magdalena

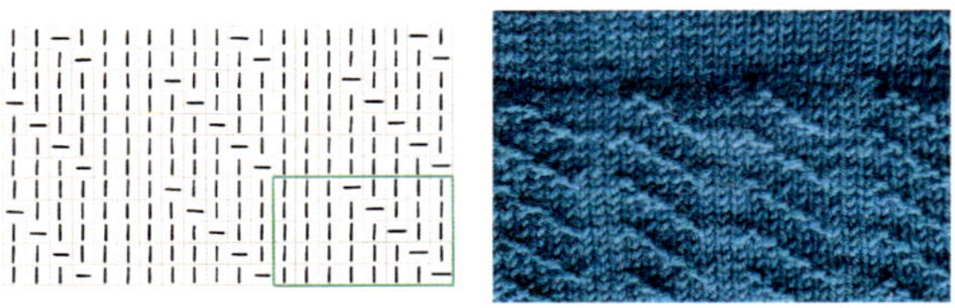

Maria

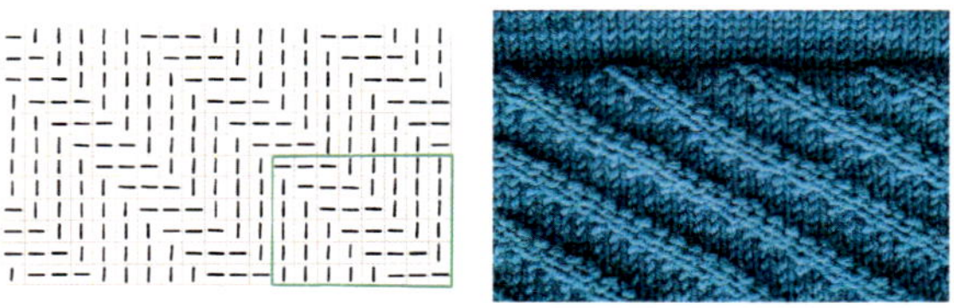

Marie

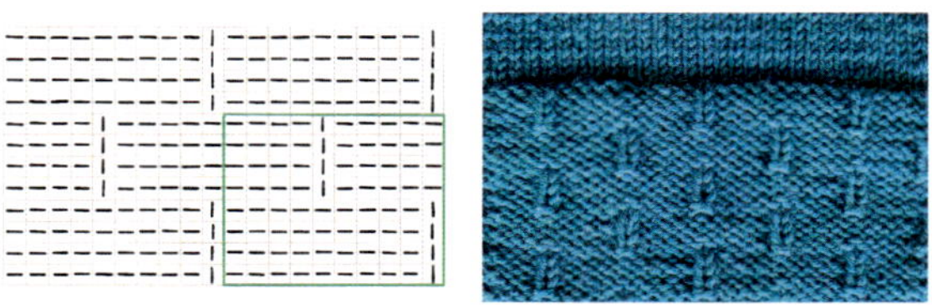

Mina

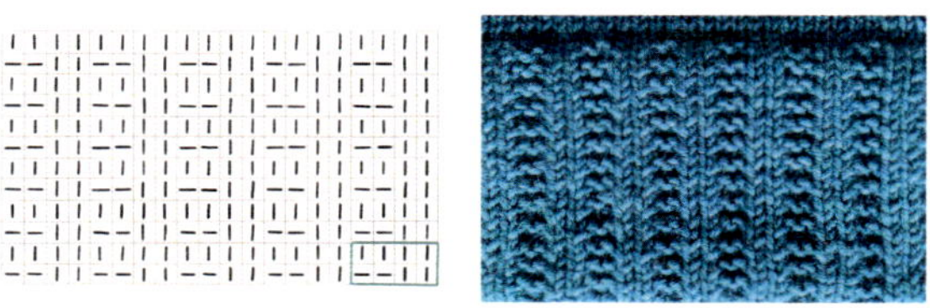

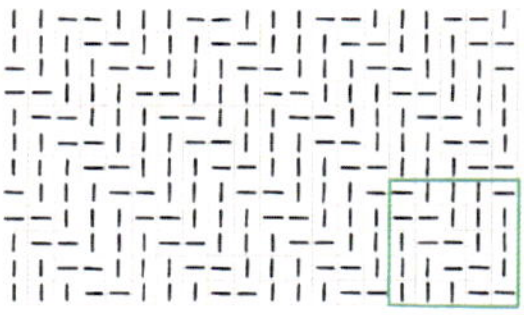
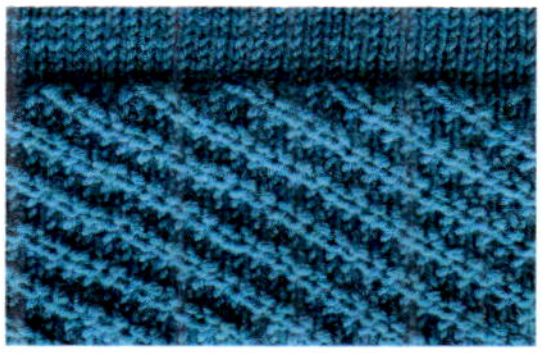

Mirjam

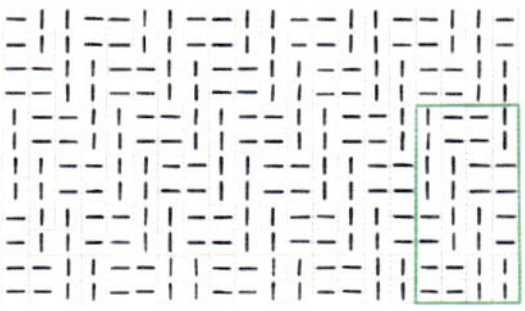
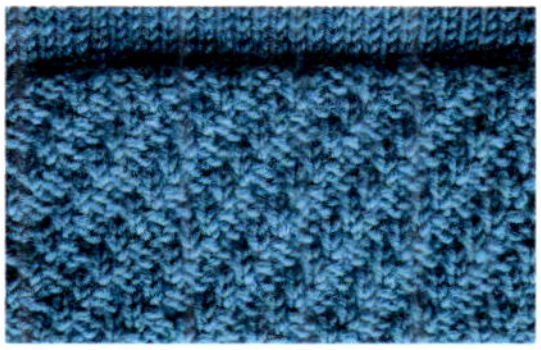

Monika

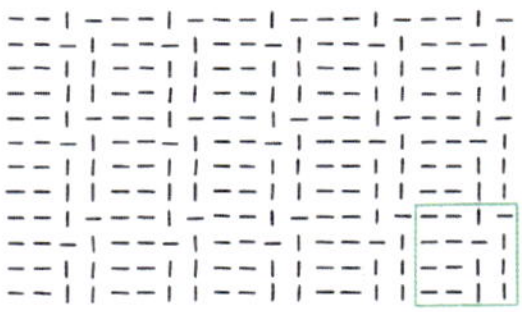
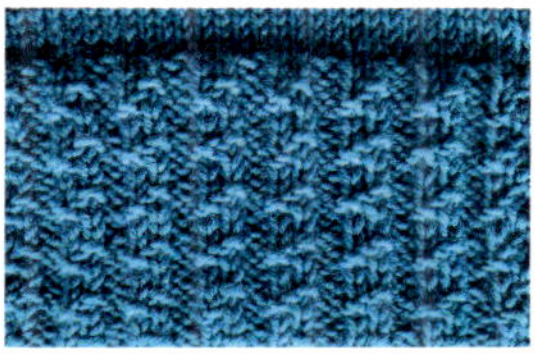

Susanne

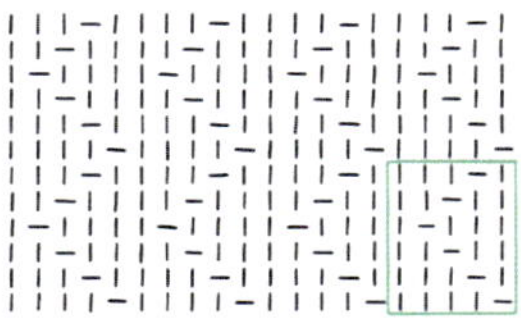
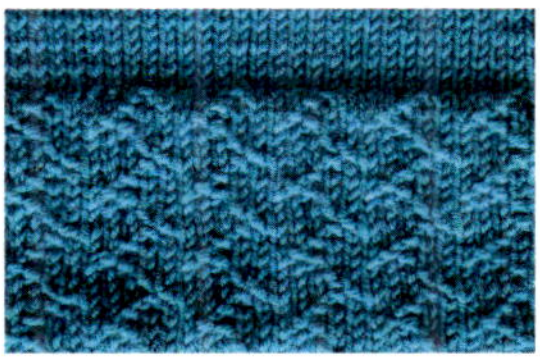

Theresa

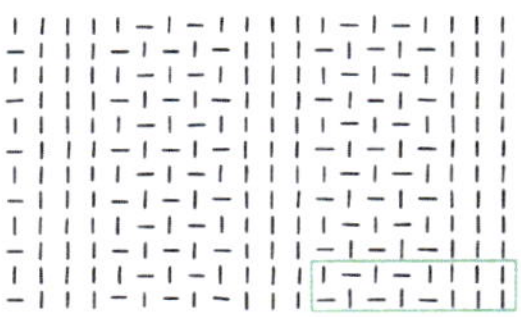
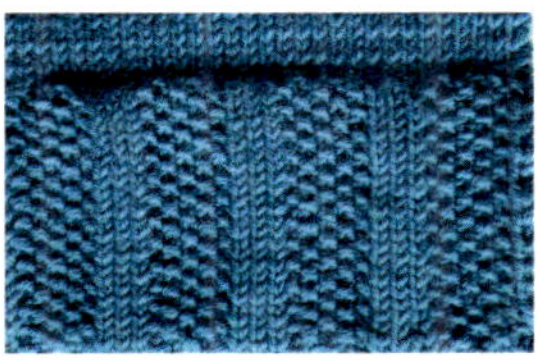

Verena

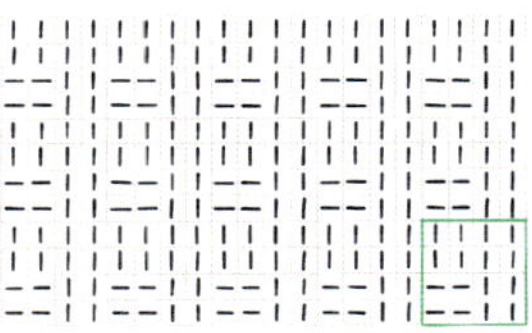
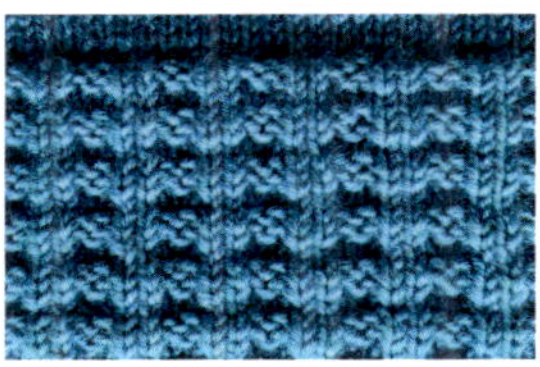

Vreni

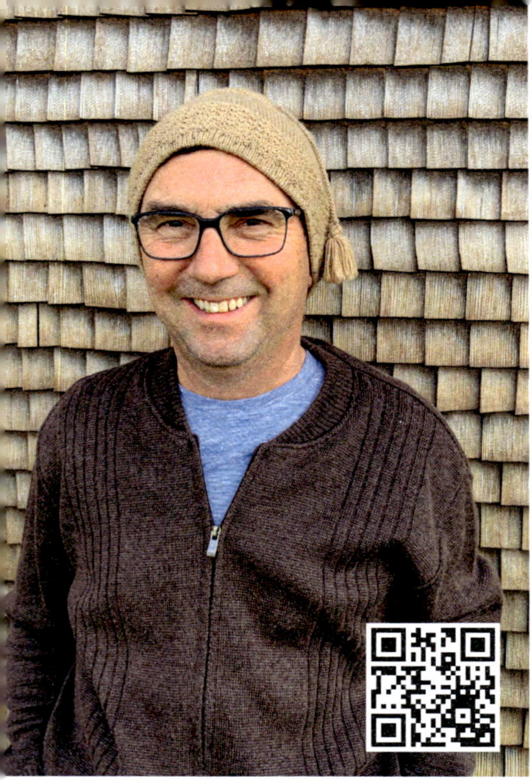

Thomas Sutter
Käsehändler und Sänger,
Weissbad

«Ich trage die Zipfelchappe in den Monaten, in denen ein ‹R› enthalten ist. Ich lasse mir immer Zipfelchappen aus Wollresten stricken, aus Farben, die niemand sonst möchte.»

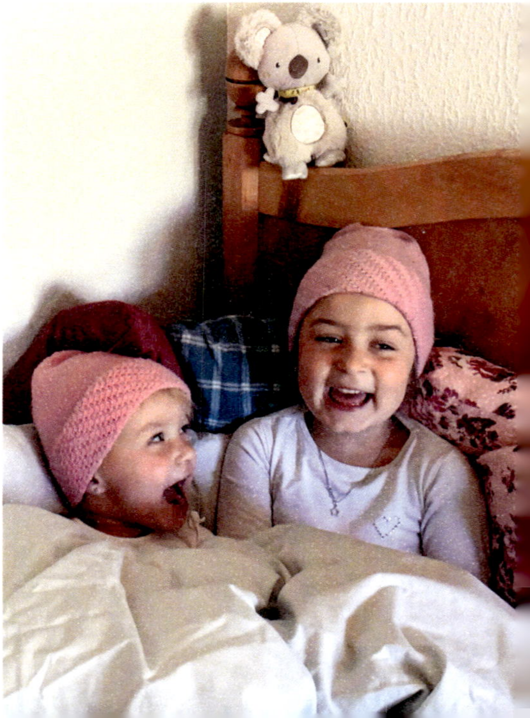

Appenzeller Määtle

«Wir gehen nur ins Bett, wenn wir unsere rosarote Zipfelchappe anziehen dürfen!»

Zopfmusterbörtchen

Zopfmuster sehen gut aus, ziehen das Börtchen aber zusammen. Durch das Tragen der Chappe wird es etwas lockerer. Die drei Zopfmuster Buslä, Doris und Heidi sind auf den Seiten 14 und 15 zu finden.

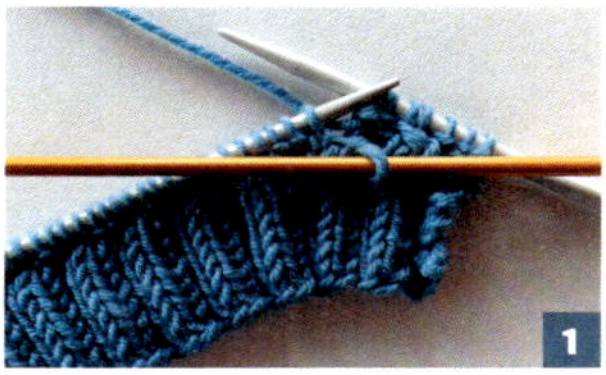

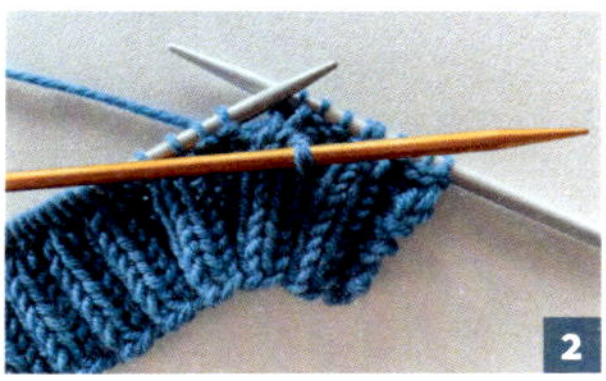

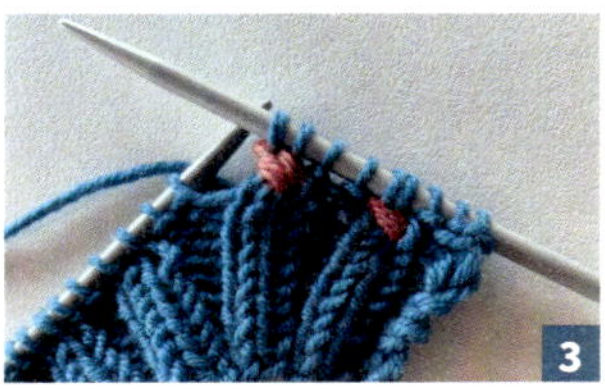

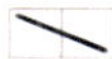

Zopf nach links aus zwei Maschen

1 Erste Masche auf eine Hilfsnadel heben (nicht stricken) und diese vor die Strickarbeit legen.

2 Die zweite Masche rechts stricken.

3 Danach die Masche auf der Hilfsnadel ebenfalls rechts abstricken.

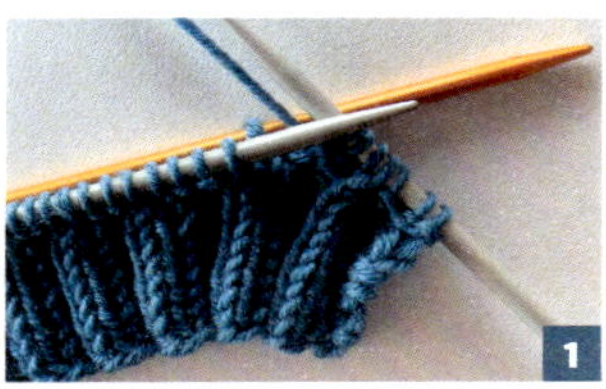

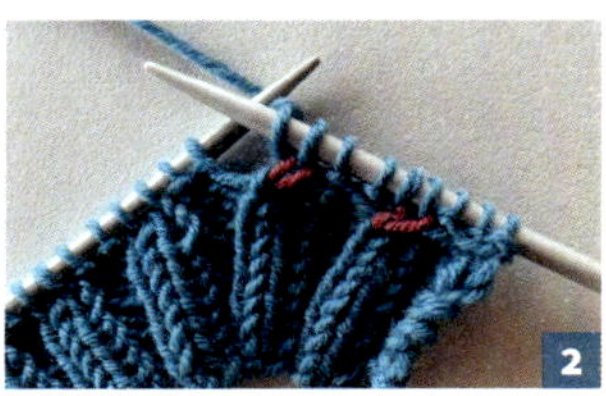

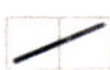

Zopf nach rechts aus zwei Maschen

1 Vorgehen wie beim Zopf nach links, aber die Hilfsnadel hinter die Strickarbeit legen.

2 Zuerst die zweite Masche stricken und dann die Masche auf der Hilfsnadel.

Börtchen zusammenstricken

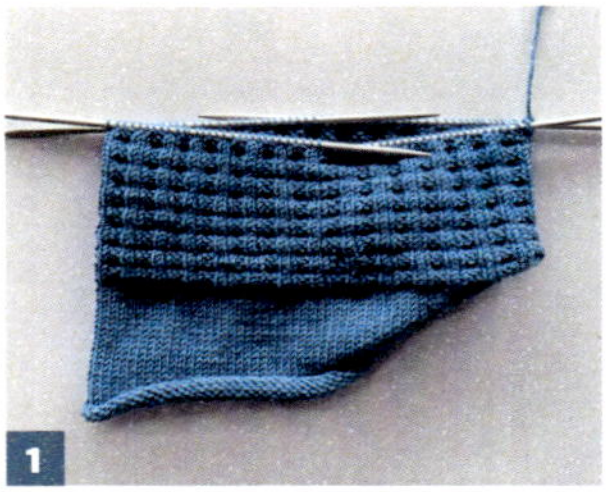

1 Zuerst Börtcheninnenteil und dann das Börtchenmuster stricken.

Das Börtchenmuster sollte mindestens vier Runden länger als das Innenteil sein, damit das Innenteil aussen nicht sichtbar ist.

Börtchen inwendig einschlagen.

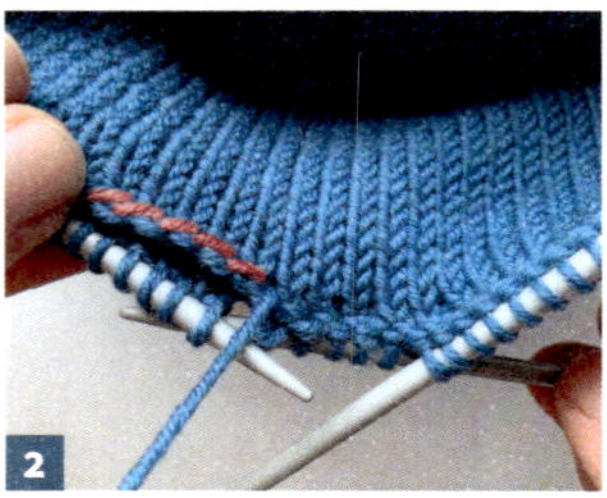

2 Die Anschlagbögen sind nun auf der Innenseite zu sehen.

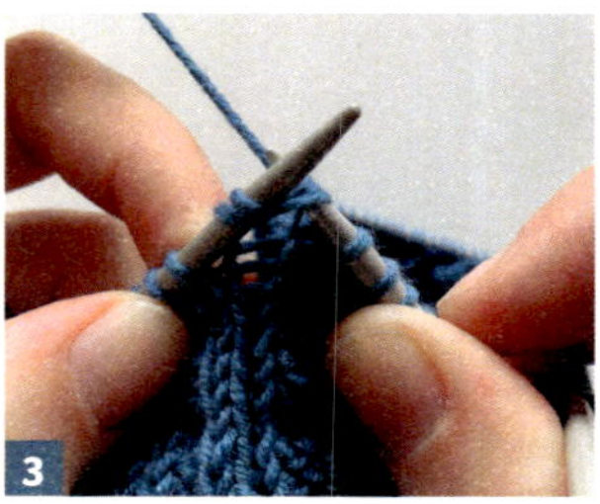

3 Zuerst in die Masche auf der Nadel stechen, dann den Anschlagbogen auffassen, und anschliessend beides rechts zusammenstricken.

So vorgehen bis zum Ende der Runde. Als Hilfestellung können vor Beginn der Zusammenstrickrunde Bezeichnungsfäden eingezogen werden (siehe «Börtchen annähen», Seite 21).

Hilfreich

QR-Code scannen und Video ansehen.

Börtchen annähen

Für alle, die das Börtchen lieber nicht zusammenstricken möchten.

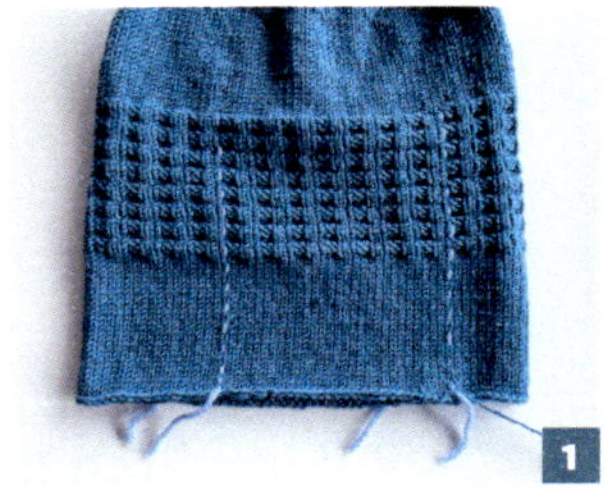

1 Zipfelchappe fertig stricken, aber die Kordel noch nicht annähen.

Vier kontrastfarbene Markierungsfäden in gleichmässigen Abständen genau im Maschenlauf einziehen.

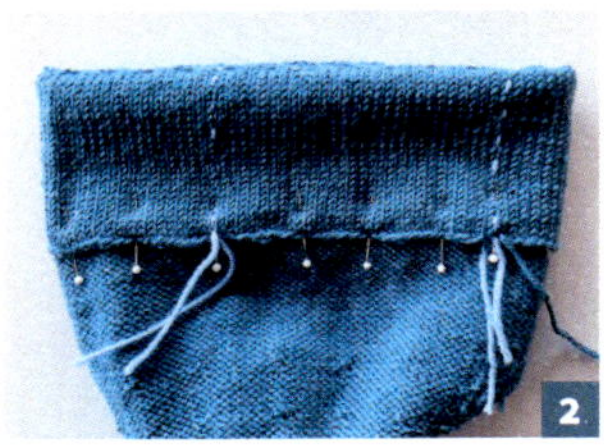

2 Chappe wenden und Innenteil umschlagen. Anschlag am Börtchenrand mit Stecknadeln befestigen.

Die Markierungsfäden müssen exakt übereinander liegen.

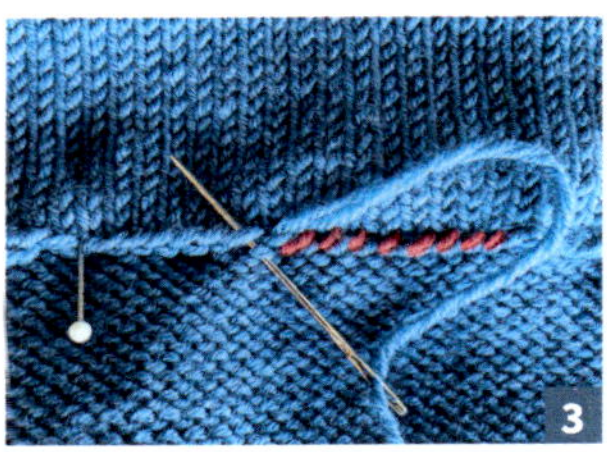

3 Anfangsgarn in eine stumpfe Wollnadel fädeln.

Mit Saumstichen locker annähen. Immer einen Maschenbogen und dann einen Anschlagbogen auffassen.

Faden anschliessend im doppelten Börtchen vernähen.

Anleitungen von Klein bis Gross

Für ein Neugeborenes reicht es in der Regel 4x20 Maschen anzuschlagen und somit die Chindlichappe zu stricken. Köpfe sind jedoch recht unterschiedlich gross. Diese Tabelle gibt einen Anhaltspunkt, wie viele Maschen nötig sind. Bei einem Zopfmuster im Börtchen eher 4 Maschen mehr anschlagen.

Kopfumfang	Anschlagen	Chappenumfang	Chappentyp
33–35 cm	4 x 20 Maschen	30–32 cm	Chindlichappe (Seite 23)
36–38 cm	4 x 21 Maschen	32–33 cm	Pfeffermönz (Seite 24)
39–41 cm	4 x 22 Maschen	33–34 cm	Himbeier (Seite 25)
42–44 cm	4 x 23 Maschen	34–36 cm	Landsgmendsblüemli (Seite 26)
45–47 cm	4 x 24 Maschen	37–38 cm	Brombeier (Seite 27)
48–50 cm	4 x 25 Maschen	38–39 cm	Winterhimmel (Seite 28)
51–53 cm	4 x 26 Maschen	39–40 cm	Salbei (Seite 29)
54–55 cm	4 x 27 Maschen	40–42 cm	Fählensee (Seite 30)
56–57 cm	4 x 28 Maschen	42–44 cm	Tannebomm (Seite 31)
58–59 cm	4 x 29 Maschen	Etwa 44 cm	Sommerlöftli (Seite 32)
60 cm	4 x 30 Maschen	Etwa 45 cm	Alpstää (Seite 33)

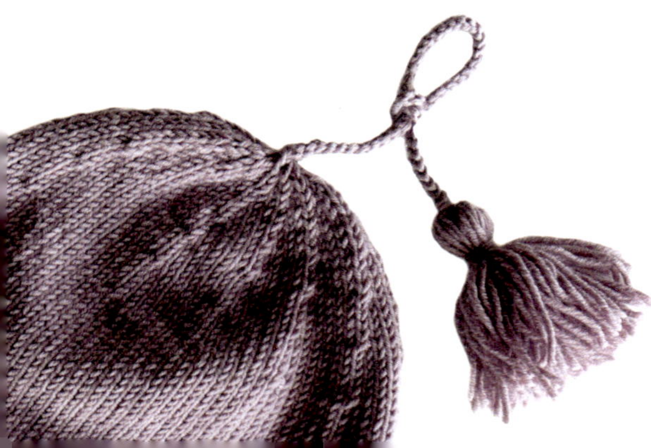

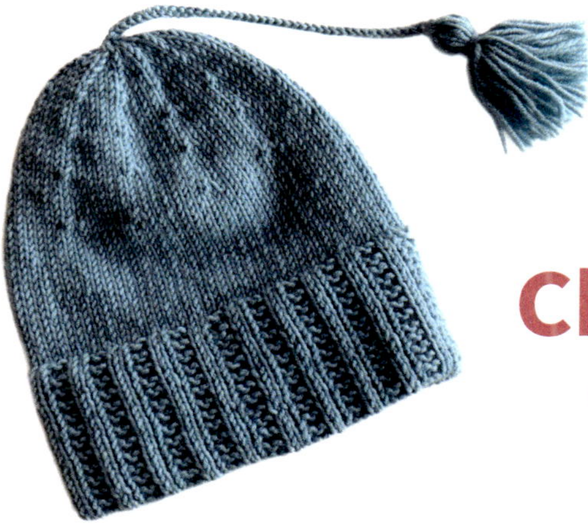

Chindli-chappe

Chappenumfang	30–32 cm
Anschlag	4 x 20 Maschen anschlagen = 80 Maschen
Börtcheninnenseite	20 Runden re stricken
Börtchenaussenseite	24–26 Runden Börtchenmuster stricken, hier Muster Mina, Seite 16
	1 Runde re mit Anschlag zusammenstricken
Gerades Stück	23 Runden re stricken
5er-Abnehmen	5 Maschen re stricken, 2 Maschen re zusammenstricken, wiederholen, zum Schluss 3 Maschen re stricken
	5 Zwischenrunden re stricken
	4 Maschen re stricken, 2 Maschen re zusammenstricken, wiederholen, zum Schluss 3 Maschen re stricken
	4 Zwischenrunden re stricken
	3 Maschen re stricken, 2 Maschen re zusammenstricken, wiederholen, zum Schluss 3 Maschen re stricken
	3 Zwischenrunden re stricken
	2 Maschen re stricken, 2 Maschen re zusammenstricken, wiederholen, zum Schluss 3 Maschen re stricken
	2 Zwischenrunden re stricken
	1 Masche re stricken, 2 Maschen re zusammenstricken, wiederholen
	1 Zwischenrunde re stricken
	2 Maschen re zusammenstricken, wiederholen
	Abschlussrunde: alle Maschen re stricken
Wollverbrauch	35–40 Gramm inklusive Kordel und Zottel

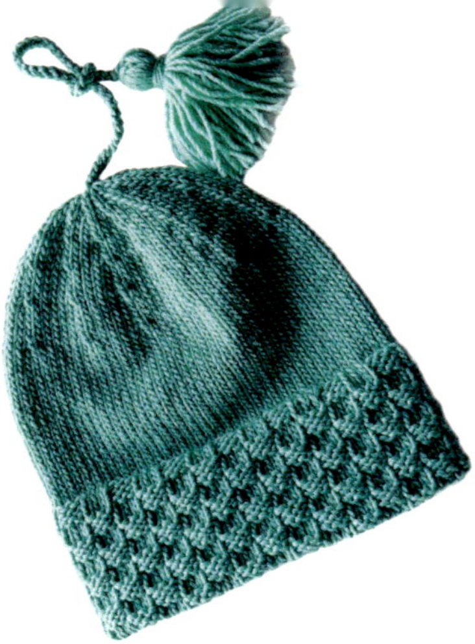

Pfeffer-mönz

Chappenumfang	32 – 33 cm
Anschlag	4 x 21 Maschen anschlagen = 84 Maschen
Börtcheninnenseite	21 Runden re stricken
Börtchenaussenseite	25 – 27 Runden Börtchenmuster stricken, hier Muster Aurelia, Seite 14
	1 Runde re mit Anschlag zusammenstricken
Gerades Stück	25 Runden re stricken
5er-Abnehmen	5 Maschen re stricken, 2 Maschen re zusammenstricken, wiederholen
	5 Zwischenrunden re stricken
	4 Maschen re stricken, 2 Maschen re zusammenstricken, wiederholen
	4 Zwischenrunden re stricken
	3 Maschen re stricken, 2 Maschen re zusammenstricken, wiederholen
	3 Zwischenrunden re stricken
	2 Maschen re stricken, 2 Maschen re zusammenstricken, wiederholen
	2 Zwischenrunden re stricken
	1 Masche re stricken, 2 Maschen re zusammenstricken, wiederholen
	1 Zwischenrunde re stricken
	2 Maschen re zusammenstricken, wiederholen
	Abschlussrunde: alle Maschen re stricken
Wollverbrauch	40 – 45 Gramm inklusive Kordel und Zottel

Himbeier

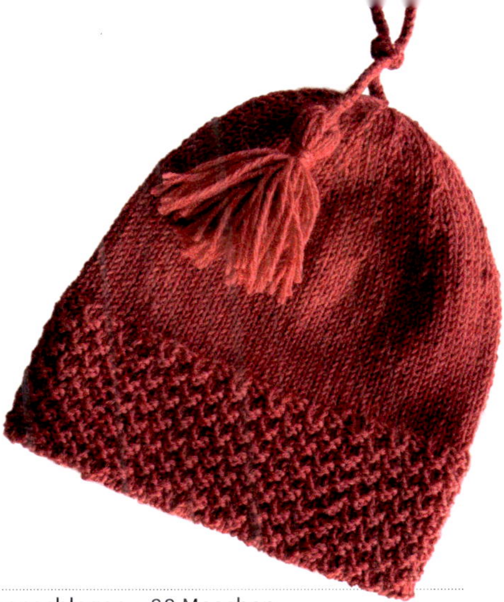

Chappenumfang	33 – 34 cm
Anschlag	4 x 22 Maschen anschlagen = 88 Maschen
Börtcheninnenseite	22 Runden re stricken
Börtchenaussenseite	26 – 28 Runden Börtchenmuster stricken, hier Muster Luise, Seite 16
	1 Runde re mit Anschlag zusammenstricken
Gerades Stück	25 Runden re stricken
Unübliches 6er-Abnehmen	6 Maschen re stricken, 2 Maschen re zusammenstricken, wiederholen
	5 Zwischenrunden re stricken
	5 Maschen re stricken, 2 Maschen re zusammenstricken, wiederholen
	4 Zwischenrunden re stricken
	4 Maschen re stricken, 2 Maschen re zusammenstricken, wiederholen
	3 Zwischenrunden re stricken
	3 Maschen re stricken, 2 Maschen re zusammenstricken, wiederholen
	2 Zwischenrunden re stricken
	2 Maschen re stricken, 2 Maschen re zusammenstricken, wiederholen
	1 Zwischenrunde re stricken
	1 Masche re stricken, 2 Maschen re zusammenstricken, wiederholen
	1 Zwischenrunde re stricken
	Abschlussrunde: 2 Maschen re zusammenstricken, wiederholen
Wollverbrauch	Etwa 45 Gramm inklusive Kordel und Zottel

Lands-gmends-blüemli

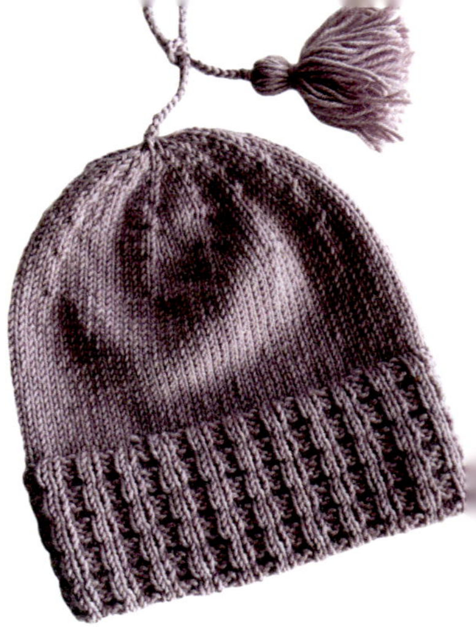

Chappenumfang	34 – 36 cm
Anschlag	4 x 23 Maschen anschlagen = 92 Maschen
Börtcheninnenseite	23 Runden re stricken
Börtchenaussenseite	27 – 29 Runden Börtchenmuster stricken, hier Muster Helen, Seite 15
	1 Runde re mit Anschlag zusammenstricken
Gerades Stück	25 Runden re stricken
6er-Abnehmen	6 Maschen re stricken, 2 Maschen re zusammenstricken, wiederholen, zum Schluss 4 Maschen re stricken
	6 Zwischenrunden re stricken
	5 Maschen re stricken, 2 Maschen re zusammenstricken, wiederholen, zum Schluss 4 Maschen re stricken
	5 Zwischenrunden re stricken
	4 Maschen re stricken, 2 Maschen re zusammenstricken, wiederholen, zum Schluss 4 Maschen re stricken
	4 Zwischenrunden re stricken
	3 Maschen re stricken, 2 Maschen re zusammenstricken, wiederholen, zum Schluss 4 Maschen re stricken
	3 Zwischenrunden re stricken
	2 Maschen re stricken, 2 Maschen re zusammenstricken, wiederholen
	2 Zwischenrunde re stricken
	1 Masche re stricken, 2 Maschen re zusammenstricken, wiederholen
	1 Zwischenrunde re stricken
	Abschlussrunde: 2 Maschen re zusammenstricken, wiederholen
Wollverbrauch	45 – 50 Gramm inklusive Kordel und Zottel

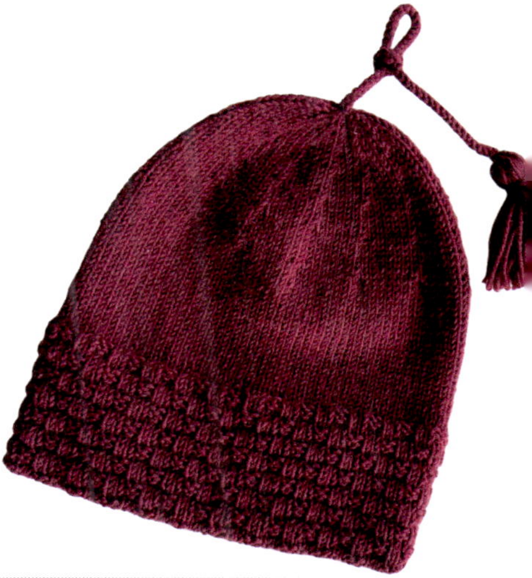

Brombeier

Chappenumfang	37 – 38 cm
Anschlag	4 x 24 Maschen anschlagen = 96 Maschen
Börtcheninnenseite	24 Runden re stricken
Börtchenaussenseite	28 – 30 Runden Börtchenmuster stricken, hier Muster Esther, Seite 15
	1 Runde re mit Anschlag zusammenstricken
Gerades Stück	27 Runden re stricken
6er-Abnehmen	6 Maschen re stricken, 2 Maschen re zusammenstricken, wiederholen
	6 Zwischenrunden re stricken
	5 Maschen re stricken, 2 Maschen re zusammenstricken, wiederholen
	5 Zwischenrunden re stricken
	4 Maschen re stricken, 2 Maschen re zusammenstricken, wiederholen
	4 Zwischenrunden re stricken
	3 Maschen re stricken, 2 Maschen re zusammenstricken, wiederholen
	3 Zwischenrunden re stricken
	2 Maschen re stricken, 2 Maschen re zusammenstricken, wiederholen
	2 Zwischenrunden re stricken
	1 Masche re stricken, 2 Maschen re zusammenstricken, wiederholen
	1 Zwischenrunde re stricken
	Abschlussrunde: 2 Maschen re zusammenstricken, wiederholen
Wollverbrauch	Etwa 55 Gramm inklusive Kordel und Zottel

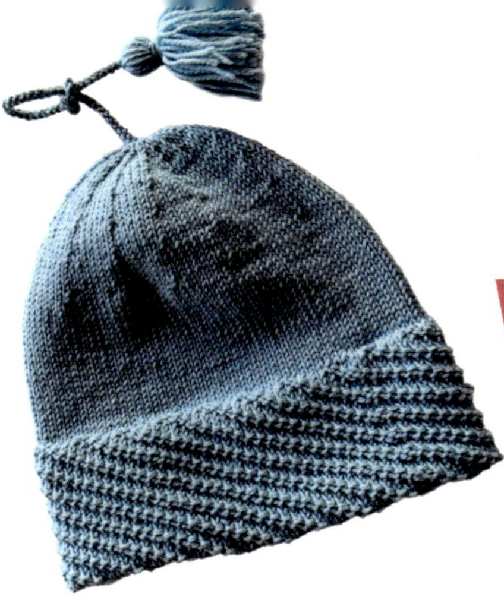

Winter-himmel

Chappenumfang	38 – 39 cm
Anschlag	4 x 25 Maschen anschlagen = 100 Maschen
Börtcheninnenseite	25 Runden re stricken
Börtchenaussenseite	29 – 32 Runden Börtchenmuster stricken, hier Muster Mirjam, Seite 17
	1 Runde re mit Anschlag zusammenstricken
Gerades Stück	28 Runden re stricken
6er-Abnehmen	6 Maschen re stricken, 2 Maschen re zusammenstricken, wiederholen, zum Schluss 4 Maschen re stricken
	6 Zwischenrunden re stricken
	5 Maschen re stricken, 2 Maschen re zusammenstricken, wiederholen, zum Schluss 4 Maschen re stricken
	5 Zwischenrunden re stricken
	4 Maschen re stricken, 2 Maschen re zusammenstricken, wiederholen, zum Schluss 4 Maschen re stricken
	4 Zwischenrunden re stricken
	3 Maschen re stricken, 2 Maschen re zusammenstricken, wiederholen, zum Schluss 4 Maschen re stricken
	3 Zwischenrunden re stricken
	2 Maschen re stricken, 2 Maschen re zusammenstricken, wiederholen
	2 Zwischenrunden re stricken
	1 Masche re stricken, 2 Maschen re zusammenstricken, wiederholen
	1 Zwischenrunde re stricken
	2 Maschen re zusammenstricken, wiederholen
	Abschlussrunde: alle Maschen re stricken
Wollverbrauch	Etwa 55 – 60 Gramm inklusive Kordel und Zottel

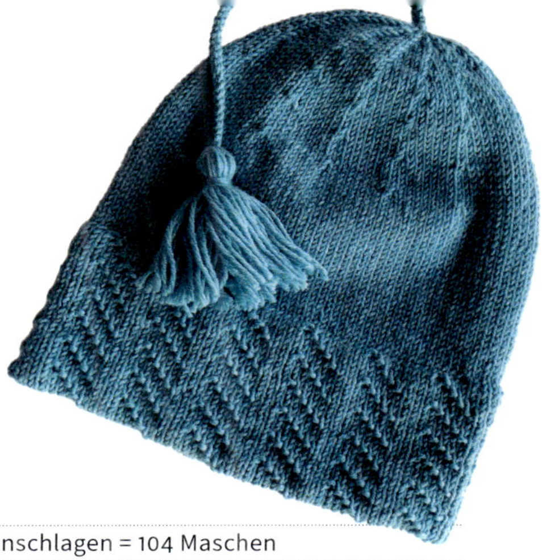

Salbei

Chappenumfang	39 – 40 cm
Anschlag	4 x 26 Maschen anschlagen = 104 Maschen
Börtcheninnenseite	26 Runden re stricken
Börtchenaussenseite	30 – 33 Runden Börtchenmuster stricken, hier Muster Magdalena, Seite 16
	1 Runde re mit Anschlag zusammenstricken
Gerades Stück	29 Runden re stricken
Unübliches 7er-Abnehmen	7 Maschen re stricken, 2 Maschen re zusammenstricken, wiederholen, zum Schluss 5 Maschen re stricken
	6 Zwischenrunden re stricken
	6 Maschen re stricken, 2 Maschen re zusammenstricken, wiederholen, zum Schluss 5 Maschen re stricken
	5 Zwischenrunden re stricken
	5 Maschen re stricken, 2 Maschen re zusammenstricken, wiederholen, zum Schluss 5 Maschen re stricken
	4 Zwischenrunden re stricken
	4 Maschen re stricken, 2 Maschen re zusammenstricken, wiederholen, zum Schluss 5 Maschen re stricken
	3 Zwischenrunden re stricken
	3 Maschen re stricken, 2 Maschen re zusammenstricken, wiederholen
	2 Zwischenrunden re stricken
	2 Maschen re stricken, 2 Maschen re zusammenstricken, wiederholen
	1 Zwischenrunde re stricken
	1 Masche re stricken, 2 Maschen re zusammenstricken, wiederholen
	1 Zwischenrunde re stricken
	Abschlussrunde: 2 Maschen re zusammenstricken, wiederholen
Wollverbrauch	60 – 65 Gramm inklusive Zottel und Kordel

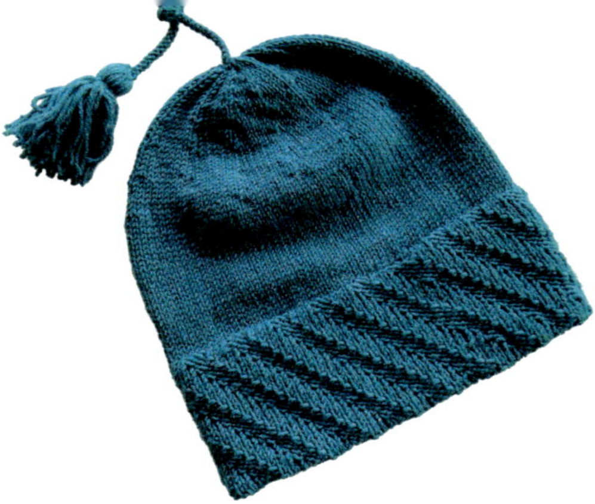

Fählesee

Chappenumfang	40 – 42 cm
Anschlag	4 x 27 Maschen anschlagen = 108 Maschen
Börtcheninnenseite	27 Runden re stricken
Börtchenaussenseite	31 – 33 Runden Börtchenmuster stricken, hier Muster Karin, Seite 15
	1 Runde re mit Anschlag zusammenstricken
Gerades Stück	30 Runden re stricken
Unübliches 7er-Abnehmen	7 Maschen re stricken, 2 Maschen re zusammenstricken, wiederholen
	6 Zwischenrunden re stricken
	6 Maschen re stricken, 2 Maschen re zusammenstricken, wiederholen
	5 Zwischenrunden re stricken
	5 Maschen re stricken, 2 Maschen re zusammenstricken, wiederholen
	4 Zwischenrunden re stricken
	4 Maschen re stricken, 2 Maschen re zusammenstricken, wiederholen
	3 Zwischenrunden re stricken
	3 Maschen re stricken, 2 Maschen re zusammenstricken, wiederholen
	2 Zwischenrunden re stricken
	2 Maschen re stricken, 2 Maschen re zusammenstricken, wiederholen
	1 Zwischenrunde re stricken
	1 Masche re stricken, 2 Maschen re zusammenstricken, wiederholen
	2 Maschen re zusammenstricken, wiederholen
	Abschlussrunde: alle Maschen re stricken
Wollverbrauch	Etwa 65 Gramm inklusive Kordel und Zottel

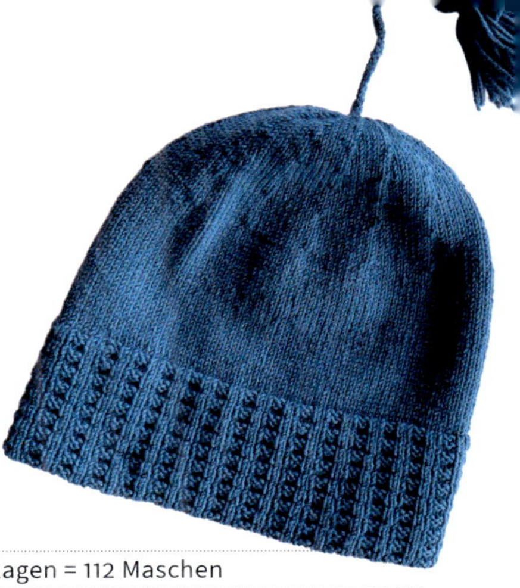

Tannebomm

Chappenumfang	42–44 cm
Anschlag	4 x 28 Maschen anschlagen = 112 Maschen
Börtcheninnenseite	28 Runden re stricken
Börtchenaussenseite	32–34 Runden Börtchenmuster stricken, hier Muster Vreni, Seite 17
	1 Runde re mit Anschlag zusammenstricken
Gerades Stück	33 Runden re stricken
6er-Abnehmen	6 Maschen re stricken, 2 Maschen re zusammenstricken, wiederholen
	6 Zwischenrunden re stricken
	5 Maschen re stricken, 2 Maschen re zusammenstricken, wiederholen
	5 Zwischenrunden re stricken
	4 Maschen re stricken, 2 Maschen re zusammenstricken, wiederholen
	4 Zwischenrunden re stricken
	3 Maschen re stricken, 2 Maschen re zusammenstricken, wiederholen
	3 Zwischenrunden re stricken
	2 Maschen re stricken, 2 Maschen re zusammenstricken, wiederholen
	2 Zwischenrunden re stricken
	1 Masche re stricken, 2 Maschen re zusammenstricken, wiederholen
	1 Zwischenrunde re stricken
	1 Masche re stricken, 2 Maschen re zusammenstricken, wiederholen
	1 Zwischenrunde re stricken
	Abschlussrunde: 2 Maschen re zusammenstricken, wiederholen
Wollverbrauch	70–75 Gramm inklusive Kordel und Zottel

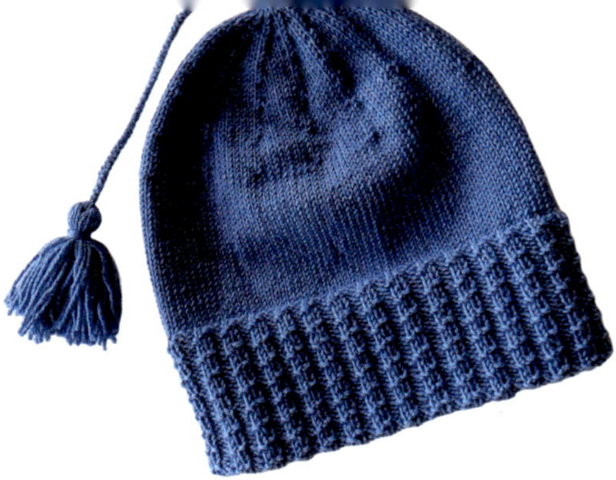

Sommer-löftli

Chappenumfang	Etwa 44 cm
Anschlag	4 x 29 Maschen anschlagen = 116 Maschen
Börtcheninnenseite	29 Runden re stricken
Börtchenaussenseite	33–35 Runden Börtchenmuster stricken, hier Muster Susanne, Seite 17
	1 Runde re mit Anschlag zusammenstricken
Gerades Stück	33 Runden re stricken
Unübliches 7er-Abnehmen	7 Maschen re stricken, 2 Maschen re zusammenstricken, wiederholen, zum Schluss 8 Maschen re stricken
	6 Zwischenrunden re stricken
	6 Maschen re stricken, 2 Maschen re zusammenstricken, wiederholen
	5 Zwischenrunden re stricken
	5 Maschen re stricken, 2 Maschen re zusammenstricken, wiederholen
	4 Zwischenrunden re stricken
	4 Maschen re stricken, 2 Maschen re zusammenstricken, wiederholen
	3 Zwischenrunden re stricken
	3 Maschen re stricken, 2 Maschen re zusammenstricken, wiederholen
	2 Zwischenrunden re stricken
	2 Maschen re stricken, 2 Maschen re zusammenstricken, wiederholen
	1 Zwischenrunde re stricken
	1 Masche re stricken, 2 Maschen re zusammenstricken, wiederholen
	1 Zwischenrunde re stricken
	2 Maschen re zusammenstricken, wiederholen
	Abschlussrunde: alle Maschen re stricken
Wollverbrauch	Etwa 75 Gramm inklusive Kordel und Zottel

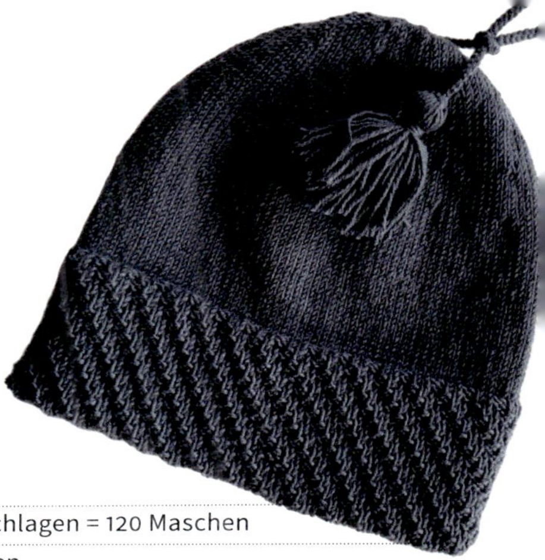

För sehr grossi Chöpf

Alpstää

Chappenumfang	Etwa 45 cm
Anschlag	4 x 30 Maschen anschlagen = 120 Maschen
Börtcheninnenseite	30 Runden re stricken
Börtchenaussenseite	34 – 36 Runden Börtchenmuster stricken, hier Muster Monika, Seite 17
	1 Runde re mit Anschlag zusammenstricken
Gerades Stück	34 Runden re stricken
Ungewöhnliches 8er-Abnehmen	8 Maschen re stricken, 2 Maschen re zusammenstricken, wiederholen
	7 Zwischenrunden re stricken
	7 Maschen re stricken, 2 Maschen re zusammenstricken, wiederholen
	6 Zwischenrunden re stricken
	6 Maschen re stricken, 2 Maschen re zusammenstricken, wiederholen
	5 Zwischenrunden re stricken
	5 Maschen re stricken, 2 Maschen re zusammenstricken, wiederholen
	4 Zwischenrunden re stricken
	4 Maschen re stricken, 2 Maschen re zusammenstricken, wiederholen
	3 Zwischenrunden re stricken
	3 Maschen re stricken, 2 Maschen re zusammenstricken, wiederholen
	2 Zwischenrunden re stricken
	2 Maschen re stricken, 2 Maschen re zusammenstricken, wiederholen
	1 Zwischenrunde re stricken
	1 Masche re stricken, 2 Maschen re zusammenstricken, wiederholen
	Abschlussrunde: 2 Maschen re zusammenstricken, wiederholen
Wollverbrauch	Etwa 80 Gramm inklusive Kordel und Zottel

Gedüntelte Kordel

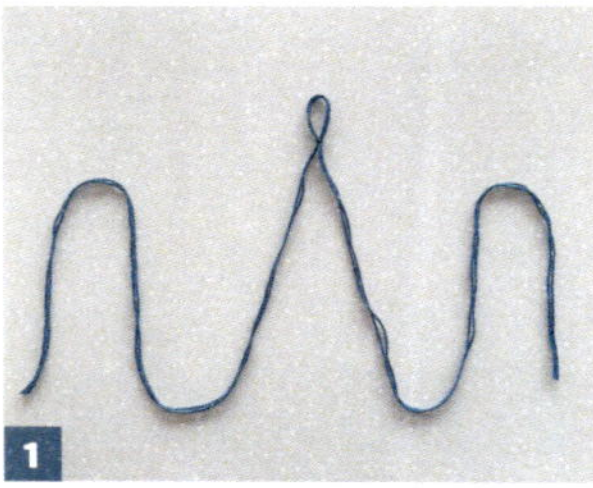

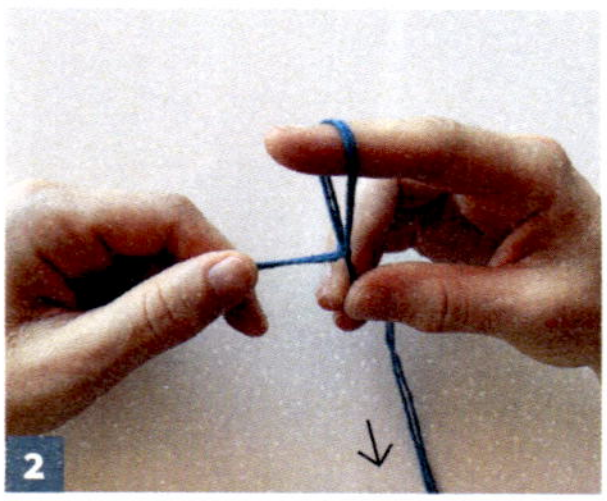

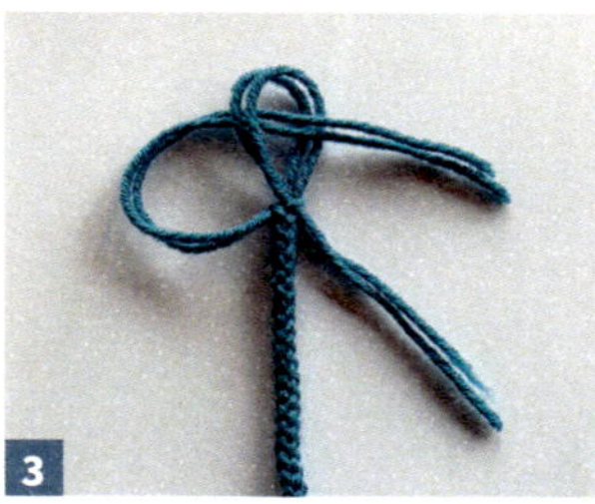

1 Zweimal 180 cm Wolle abmessen, abschneiden und parallel legen.

In der Mitte eine Anfangsschlinge machen.

2 **Startposition**

In jeder Hand zwei Wollfäden halten. Die Schlaufe liegt auf dem rechten Zeigefinger.

Zu Beginn sollte die Masche sich verkleinern, wenn an den Fäden auf der rechten Seite des Knotens gezogen wird.

→ Arbeitsweise: siehe QR-Code

3 Zum Beenden der Arbeit zwei Wollfäden durch die Masche ziehen und anziehen.

Hilfreich

QR-Code scannen und Video ansehen.

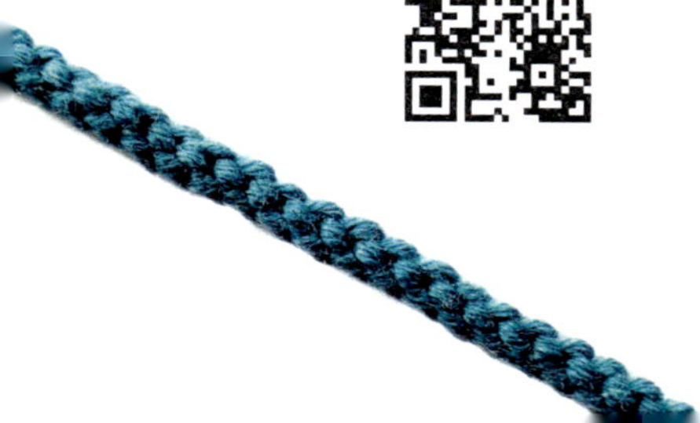

Gedrehte Kordel

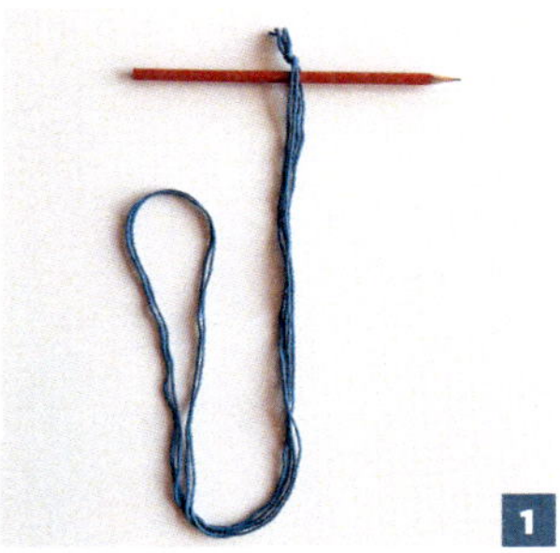

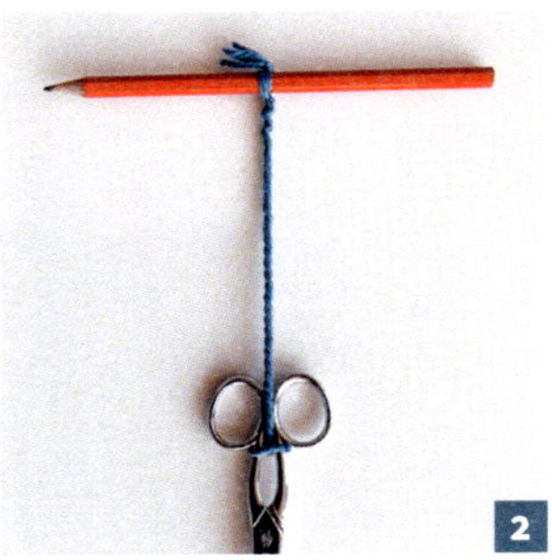

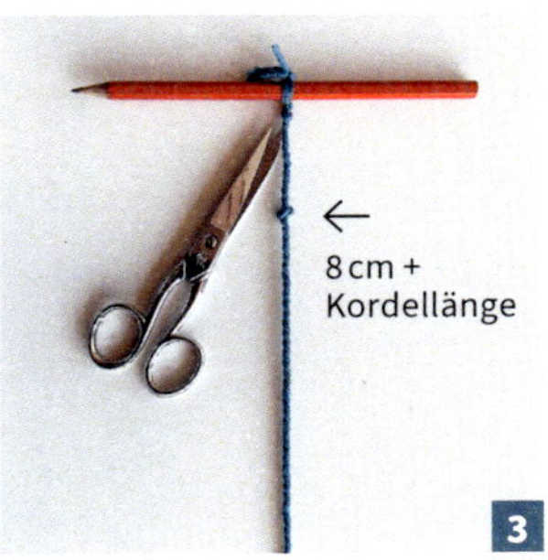

1 Zwei Wollfäden je 150 cm lang abmessen und abschneiden.

Alle vier Enden zusammen verknoten.

Beim Knoten den Bleistift einführen.

Schlaufe an einem Garderobenhaken oder einer Türklinke einhängen.

2 Bleistift so lange drehen, bis die Wolle fest gewickelt ist.

Die Schlaufe von der Türklinke auf den Bleistift schieben.

In der Hälfte der Fäden eine Schere einführen.

Die Kordel dreht sich von selbst auf.

3 Alle Fäden zusammen bei der gewünschten Kordellänge verknoten.

Endfäden 8 cm stehen lassen, sie werden später zu einem Teil des Zottels.

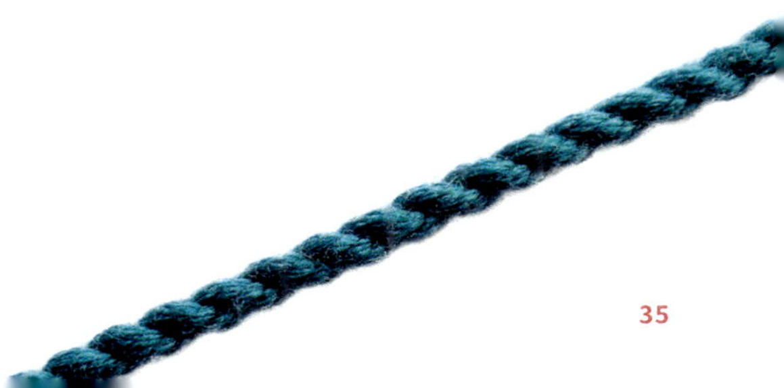

Zottel wickeln und an Kordel befestigen

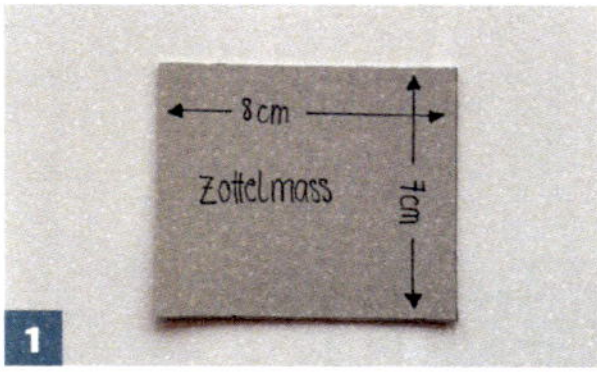

1

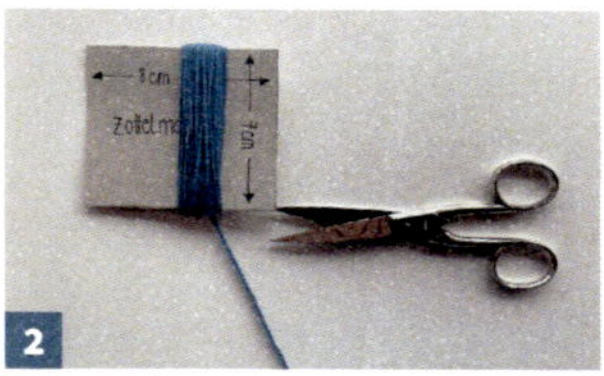

2

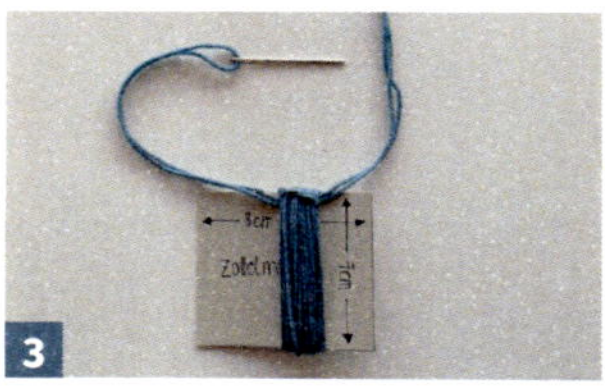

3

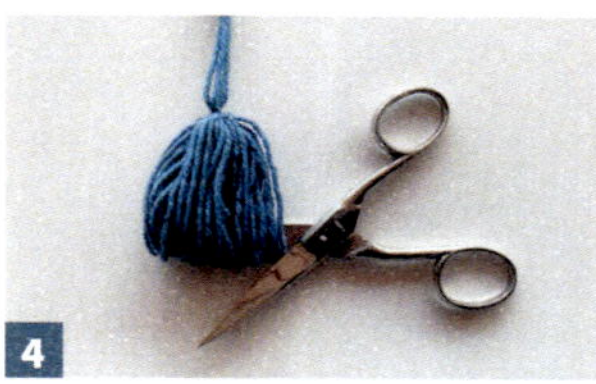

4

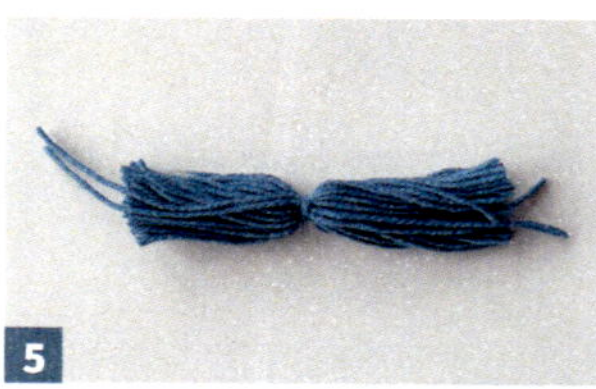

5

1 Karton 7 x 8 cm zuschneiden.

2 Wolle in der gewünschten Länge und Anzahl um den Karton wickeln.

Zottel klein
35-mal den 7 cm-Karton umwickeln.

Zottel mittel
40- bis 45-mal den 7 cm-Karton umwickeln.

Zottel gross
50- bis 55-mal den 8 cm-Karton umwickeln.

3 Doppelten Wollfaden zweimal oben um die Wolle schlingen und dreimal fest verknoten.

4 Fäden vom Karton nehmen und unten aufschneiden.

5 Zottel öffnen.

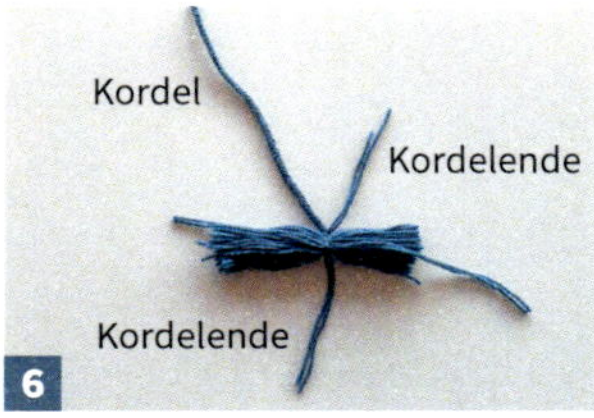

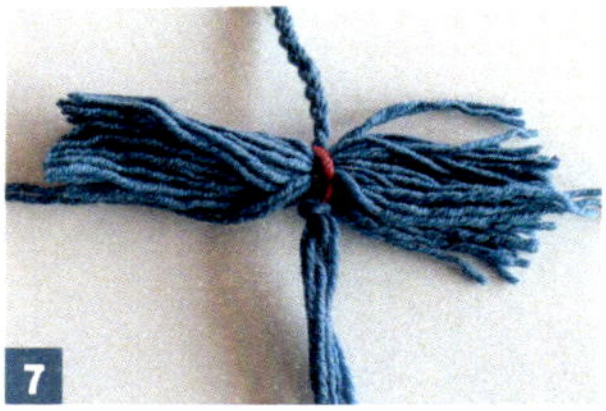

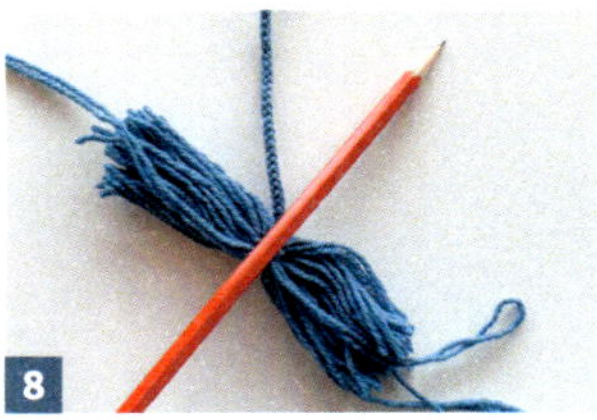

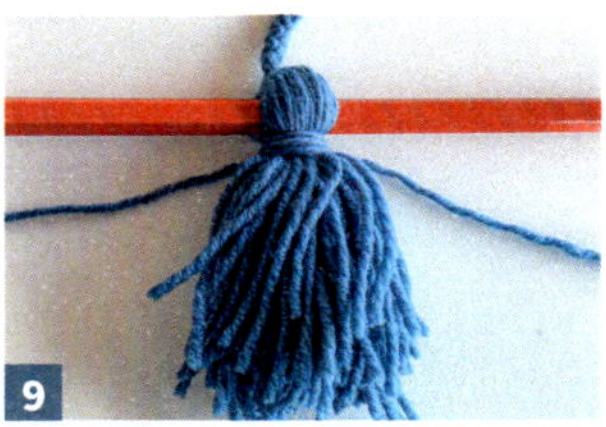

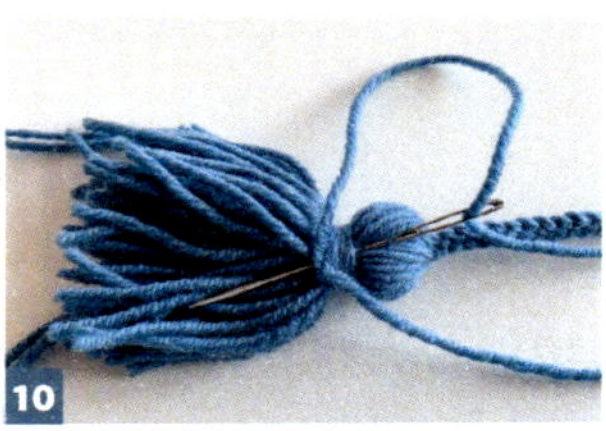

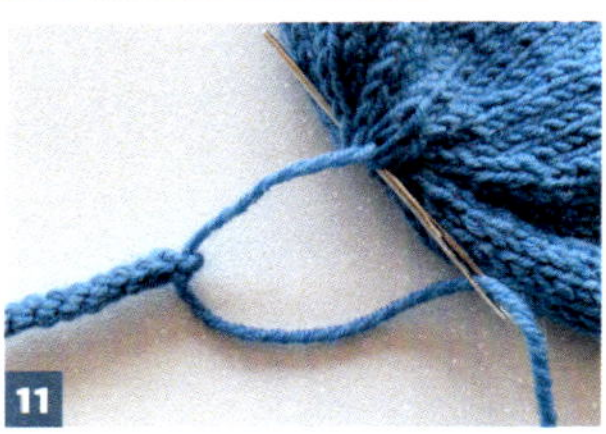

6 **Gedüntelte Kordel**

Den offenen Zottel zwischen die Endfäden der gedüntelten Kordel legen.

Beide Kordelenden anschliessend um die Zottelmitte dreimal verknoten.

7 **Gedrehte Kordel**

Kordel oberhalb des Endknotens leicht aufdrehen und Zottel bis zur Mitte hindurchschieben.

8 Bei beiden Kordelarten den Bleistift als Abstandhalter einlegen und Zottelenden aufeinanderlegen.

9 Zehnmal satt mit einem neuen Wollfaden umwickeln. Enden dreimal verknoten.

10 Wollfadenenden in stumpfe Wollnadel einfädeln und unter der Umwicklung durchziehen.

11 Zottelenden gleichmässig zurückschneiden.

Mit dem Wollfadenende der Zipfelchappe die Kordel mit mehreren Stichen fest annähen.

Endfaden anschliessend auf die Innenseite stechen und dort vernähen.

Zipfelchappe anschreiben

Vor allem die schwarzen Zipfelchappen werden oft verwechselt. Das Anschreiben der Chappen macht daher Sinn. Hier ein paar Varianten zur Inspiration.

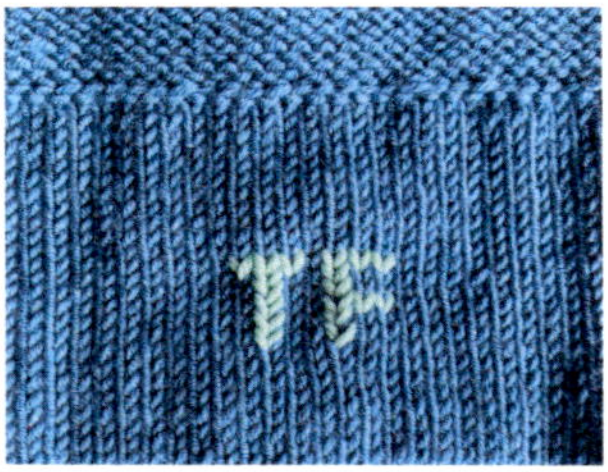

Initialen des Besitzers, der Besitzerin mit Maschenstich auf die Chappeninnenseite sticken.

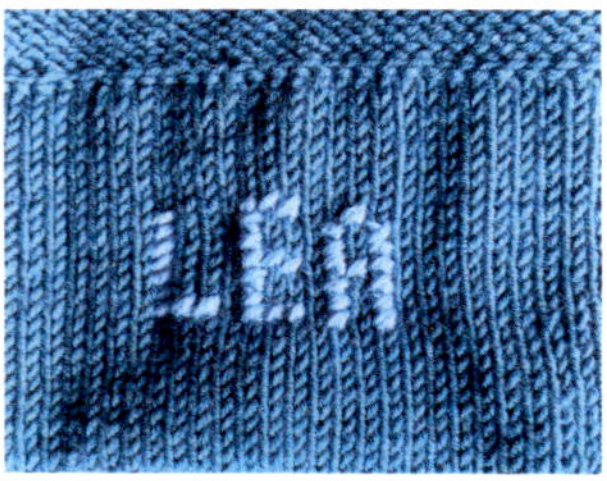

Name des Besitzers, der Besitzerin mit Kreuzstich auf die Chappeninnenseite sticken.

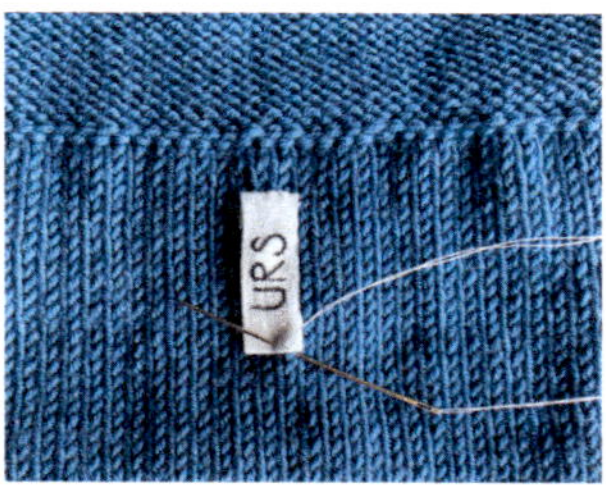

Namen mit wasserfestem Filzstift auf ein Wäscheband schreiben, Enden einschlagen und auf die Chappeninnenseite nähen.

Säg dank!

Ich möchte mich ganz herzlich bei allen Frauen bedanken, die mir ihre Muster und Anleitungen zur Verfügung gestellt haben. Die schönen Hände auf einigen Fotos und den Anleitungsfilmen gehören Susanne Bolt aus Urnäsch. Sie ist nicht nur eine begnadete Musikerin, sondern auch eine begeisterte Strickerin. Vielen Dank!

Meiner Meinung nach existiert die einzig richtige Zipfelchappe nicht. Viele Appenzeller Frauen haben noch mehr gute Ideen und stricken so, wie sie es möchten und es der Familie gefällt.

Wer beim Stricken lieber etwas abändern oder dazu schreiben möchte, kann das gerne machen, denn wir haben das Büchlein extra auf gut beschreibbares Papier gedruckt. Klein und fein ist das Buch geworden, damit es in jeden Lismichorb passt!

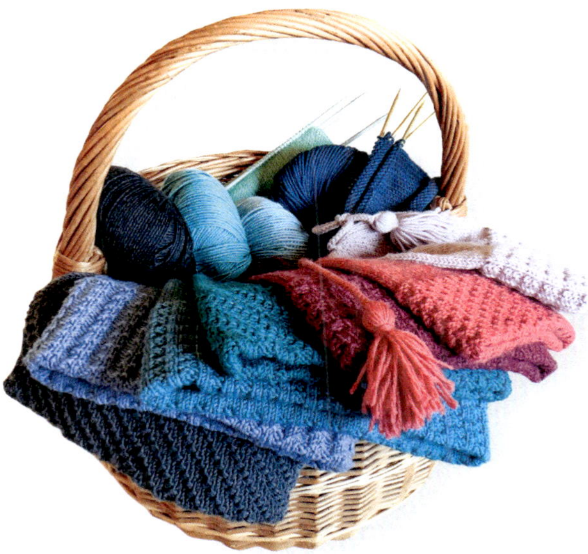

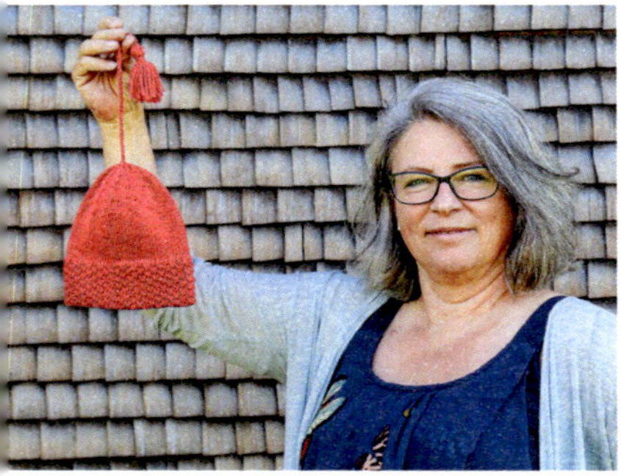

Karin Antilli Frick, 1966, aufgewachsen in Bischofszell, lebt mit ihrer Familie in Urnäsch. Sie ist Mutter von vier Kindern, Lehrmittelautorin und arbeitet als Lehrerin für Gestalten und Englisch in der Primarschule. Im Appenzeller Verlag erschienen von ihr die Bücher «Wälti wird Silvesterchlaus» (2016), «Wälti wird Geissbub» (2020) sowie das Mal- und Rätselbuch «Silvesterchlausen» (2018).

www.sachen-machen.ch

Quellenangaben

«Achtung, frisch gestrickt», Publikation zur gleichnamigen Ausstellung des St. Galler Textilmuseums, 1.11. 2010–30.1.2011
«Zwei rechts, zwei links» von Ebba D. Drolshagen, Suhrkamp Verlag
«Die Macht der Maschen» von Loretta Napoleoni, Penguin Verlag
Wikipedia/Zipfelmütze und Max und Moritz

Bildnachweise

Wilhelm Busch, Public domain, via Wikimedia Commons, Seite 8
Jonathan Frick, Seite 40
Carmen Wueest, Seite 9
Karin Antilli Frick, alle anderen Bilder